書系緣起

早在二千多年前，中國的道家大師莊子已看穿知識的奧祕。莊子在《齊物論》中道出態度的大道理：莫若以明。

莫若以明是對知識的態度，而小小的態度往往成就天淵之別的結果。

「樞始得其環中，以應無窮。是亦一無窮，非亦一無窮也。故曰：莫若以明。」

是誰或是什麼誤導我們中國人的教育傳統成為閉塞一族。答案已不重要，現在，大家只需著眼未來。

共勉之。

更動盪的未來經濟

加拿大央行前總裁，
揭示不可忽視的
全球風險與潛在機會

THE NEXT AGE OF UNCERTAINTY

How the World Can Adapt to a Riskier Future

Stephen Poloz

史蒂芬·波洛茲 著　曹嬿恆 譯

目錄

前言

不確定性無所不在，牽涉到經濟的時候尤其如此。擔心天氣可能打亂了週末的計畫？我們有查詢天氣預報的應用程式，但真正重要的不確定性，卻沒有一款應用程式可以解決。我的工作穩當嗎？我明年會賺得更多嗎？我買得起一棟房子嗎？我會有能力買房嗎？現在是買房的好時機嗎？我為了付頭期款存下的錢有在增加嗎？股市是不是快崩盤了？等我的房貸要續約時，利率會是多少？房貸續約應該簽短期還是長期的好？我會活多久——養老金存得夠不夠？順道一提，這禮拜的油價怎麼這麼高啊？這些問題關係到有著長遠影響的重要個人生活決定。我們**全都**活在經濟裡。

這些日常問題對個人來說已經夠難了，但是它們對公司來說更是難上加難，因為公司有更多因素要考量。事實上，公司的決策品質不只決定他們的未來，也攸關你明天是不是還**有**工作可以做。公司想要做長遠的生意，提供穩定的工作機會並保持獲利能力，便須預測未來的經濟趨勢，譬如銷量、價格、利率和匯率。他們把這些判斷轉化成包含人力招募、原物料訂單、設備採購、擴展方案等在內的一份商業計畫書，也必須擬定對應的財務計畫，以便得到一家銀行和也許是公開股市或債市的支持。

簡言之，雇主和員工共同面對同樣的經濟不確定性。經濟成長與衰退、通貨膨脹率、利率水準、匯率、股市、就業機會增加或裁員、薪資水準、房市狀況、政府支出與稅收前景等，對我們所有人來說都很重要。從庶民的角度來看，有些總體經濟觀念可能顯得很抽象，然而它們卻是我們所有重大經濟決策的組成要素：要不要工作以及在哪裡工作、要住在什麼地方以及如何定居、要買什麼以及何時去買、何時借錢以及要借多少、何時僱人又該何時請人離開、何時該把握機會擴展業務。經濟學就像空氣和水一般不可或缺。

不勞經濟學家出馬，你便知道這些年來的經濟不穩定性已經升高，這表示未雨綢繆變得更加不易。人們往往會問，這一切還能回歸常態嗎？若要鉅細靡遺地好好回答這個問題，那麼答案是所謂「常態」並非我們大多數人所以為的那樣；若要簡短地回答，那麼答案是我們應該預期未來幾年的經濟波動性會更大，而非更小。

一個經濟波動性更大的未來，意味著事情會發展得比我們預計的更糟或更好，而最終結果的可能範圍也會擴大。即便我們明白不確定性有好有壞，不會只帶來厄運，有時也會帶來好運，可是我們還是會出於本能地討厭不確定性。我們每天都要根據對未來的預期做出新的經濟決定，而做出錯誤的決定只會變得更容易，不確定性壓得人喘不過氣來。

經濟的不確定性升高，做出錯誤決定的相關風險也會升高。在未來，影響經濟的各種力量將使得就業、通膨、房價、利率與股市波動得更頻繁也更劇烈。舉例來說，買房子的時候，我們將需要考慮到，一旦丟了工作而因此可能失去房子的風險會比過去還來得更大。

簡言之，未來變得愈是捉摸不定，我們做日常決定所承擔的風險就愈高。人們在面對不確定性的時候是怎麼做決定的？我們預期未來會照著慣例發展，所以我們是根據自己過往的一般經驗來做決定的。換句話說，如果現在出現了什麼不尋常的狀況，我們大多數人會認為事情將恢復正常。可是，我們對此有多大的把握？我們愈是不敢確定，做決定的時候就愈有壓力。為了舒緩面對未知的壓力，我們可能會尋求親朋好友或專家的建議。

專家則是特殊的類型。他們形成預期的方式跟我們其他人不一樣；他們會站在更廣泛的資訊基礎上去預測大局，包括用他們對經濟學的理解、大量的數據和電腦輔助模型來預測結果。他們整天都在試著理解這些事情，而我們其他人則做著自己的日常工作，只在晚上和週末才會嘗試去認識這個世界。我們靠著看報紙、讀書、上網搜尋或觀看商業新聞節目來接觸各式各樣的專家，幫助我們瞭解世界是怎麼運作的。經濟領域的專家很多，而專家給出的意見甚至比本身的人數還多。我們可以獲得經濟方面的訊息太多了，其中大多很招搖、過度自信，而且常常自相矛盾。專家並非總是對的，有些事情就連專家也**無從知曉**。

我在擔任加拿大央行（Bank of Canada）總裁期間，對於經濟展望中的不確定性已經養成坦誠以對的習慣。這樣的態度在經濟遭逢重大擾亂之後尤其重要，因為我們很容易因經濟模型而誤入歧途。二〇〇八年全球金融危機和隨之而來的經濟大衰退（Great Recession）便是一個很好的例子。加拿大的出口急劇滑落，而加幣升值並終於在二〇一一年打破平價，更是令情況雪上加霜，許多加拿大出口商因此被迫倒閉。隨著幣值在接下來幾年穩步走低，經濟學家們預期加拿大的出口將會復甦。然而這項預測是錯的，因為有太多出口商已經不在了。經濟學家的模型並不具足夠的分析能力能把這等規模的公司倒閉潮考慮進來。這個經驗絕佳地說明了一件事情，亦即我們始終應該把經濟預測解讀為一個可能結果範圍內的中間點——有時候，這個可能結果的範圍是**很寬**的。預測，通常只是專家在基於歷史數據的模型支持下所做的一種猜測。經濟學家很像科學家，因為我們會吸納大量資訊，然後得出經濟如何運作的假設。不過科學家可以在實驗室裡測試一項假設，但經濟學家和央行官員們則只能根據過去的行為發展模型。職是之故，那些模型只在未來與過去相似時，才能發揮最好的效用。

本書寫於 COVID-19 大流行之後，是對極端經濟不確定性的一項個案研究。從我的角度來看，情況看起來也感覺起來是一片混亂。二〇二〇年春天有好幾個禮拜，我的生活由一連串不規律又無止無境的虛擬會議所組成，一天到晚都在開會，全都是在家中那間很少使用的辦公室裡，以不怎麼可靠的網路連線進行的。金融市場方案和貨幣政策工具匆忙上路實施，這些是我們其中大部分人靠著直覺而非實際數據去制定出來的。

每當經濟發生這樣的極端狀況，大家便會馬上籲請經濟學家發表意見，說說這件事情對未來的可能涵義。就我個人而言，這場大流行病將如何影響全球經濟，我對於我們的預測能力是沒有什麼信心的，然而一如既往，不乏有人對未來提出滿懷自信的預測。絕大多數人都預測會有一場持續很久的經濟大動亂，我則對這種說法心存懷疑。不過，也許是我的陽光性格又冒出來了，我總感覺經濟會表現出一定的韌性。這個情況讓我想起二〇〇一年九月十一日那天，以及出事以後那些充滿自信的聲明，有些還是當天發表的。

有些經濟學家說：「大家再也不會旅行了。」也有很多人說：「全球經濟將陷入深度且持久的衰退中。」當時我是加拿大出口發展局（Export Development Canada，簡稱ＥＤＣ）的首席經濟學家，那時候我和預測的不確定性搏鬥的記憶如今依然歷歷在目。結果，我們發現了不確定性本身就是最有用的洞見。我們把更新預測的報告名之為「不確定的新時代」（The New Age of Uncertainty），承認未來可能再也不會像過去那般看似確鑿無疑。接下來幾個星期，我發表二十多場公開演講，闡述我們對未來的思考和想法時，我都會隨身帶著一本約翰·加爾布雷斯（John Kenneth Galbraith）在一九七七年出版的著作《不確定的年代》（*The Age of Uncertainty*），當成演講的道具。我們並未呼籲一場全球性衰退將要發生，但也表明不確定性升高會成為國際商業前進的絆腳石。在一個恐怖主義風險無所不在的世界裡，商業的風險將更大，公司也會對此做出調適。特此強調，九一一事件後的全球經濟並未陷入衰退，反而加快了成長的腳步。

加爾布雷斯的書寫於一九七三至一九七七年間，那段期間，「常態」的觀念遭到顛覆，使得經濟學界面臨極大的不確定性。嬰兒潮世代進入全球勞動力市場，擾亂了市場平衡。阿拉伯石油禁運後的油價直線飆升，引發石油進口國的動盪不安。在二戰後所實施的國際貨幣體系下，多數國家的貨幣採釘住美元的制度，而美元又以固定價格釘住黃金，這樣的體系崩潰了，匯率發生劇烈波動。凡此種種，莫不對世界經濟帶來巨大的衝擊，並代表著過去我們眼中的「常態」出現根本性轉變。浮現面前的是通膨升高與失業率升高攜手而來，這是那個時代的經濟學模型從來不曾預測到的結果。顯然，事情已經出差錯了。

接下來十年間，這些模型經過人們徹底地重新思考，在一九七〇年代末期我念研究所那時候，新一代模型出現了。這就是加爾布雷斯的觀點：經濟學總是從一個重大的新觀念發展到另一個新觀念，然後再前進到另一個。每一次，倡導者都會以絕對但毫無根據的信念提出這些新思想。

此種對經濟學家的批評並非加爾布雷斯首創，而他引用的對象無非別人，正是約翰·梅納德·凱因斯（John Maynard Keynes）於一九三六年出版的《就業、利息和貨幣的一般理論》（*The General Theory of Employment, Interest and Money*）一書的最後一段：

……經濟學家與政治哲學家的思想，不論對錯，其影響力都比人們通常所理解的更為強大。事實上，統治這個世界的正是那些思想，別無太多其他。自認不受任何這類知識分子影響的所謂務實派，往往是擺脫不了某個已故經濟學家影響之人。

當世界發生變化，經濟理論必須隨之改變。無法適應變化的經濟學家將會出錯，而追隨者也會跟著出錯。

雖然歷史也許不會總是重演，但正如馬克・吐溫（Mark Twain）說過的名言，它常常呈現類似的韻律。隨著金融市場在二〇二〇年的春末趨於平靜，我發現自己又開始思考起過去在重要轉折點時所做的經濟預測，以及結果證明它們錯得多麼離譜這件事情。不是只有小數點的差異，甚至連**方向**都錯了。會發生這樣的預測錯誤，唯一合理的解釋是這些重大事件已經改變了我們的經濟基礎。我們的理論喪失預測未來的能力。

經濟學家心裡都懷有一個經濟的基礎——這是一套貫穿時間而恆常不變的概念性元素及其相互關係。經濟總是被一個又一個事件擾亂，所以鮮少能在不變的環境下被觀察，不過這個基礎是經濟在經歷干擾後所趨向回歸的位置。經濟學家稱它是一種長期均衡（long-term equilibrium）或穩定狀態（steady state）。經濟模型基於此一基礎架構，試圖去解釋經濟所遭遇到圍繞著穩定狀態的上下波動。而模型便是用來預測經濟如何從今日的起點，回到那個穩定狀態下。有鑑於 COVID-19 的衝擊規模如此龐大，當疫情過去，我懷疑經濟裡有哪些常數是我們可以當成未來的一個定錨點，一個我們能回歸停歇之處。

我很快便明白，在我們今天的經濟裡，這樣的常數可能少之又少。自二〇一九年以來，我便一直在思考長期力量對經濟造成的動盪不安。那年，我有幸在雲杉草地（Spruce Meadows）的「改變命運圓桌論壇」（Changing Fortunes Round Table）發表大會演說，綜論我對這個主題的早期看法。這個論壇是二十年前由已故的羅恩・薩瑟恩（Ron Southern）所發起，並由薩瑟恩家族持續舉辦的年度國際高階聚會，參加者有商業領袖和政策制定者。我在準備那場演講時，逐漸明白我們有好幾個關鍵的經濟基礎並非恆常不變，它們實際上是處於動態變化中的，而且它們的力量將塑造我們的未來。這本書便是源於我在雲杉草地所做的那場演講。

在推測未來發展時，把這些長期力量考慮進來，遠比聽起來的困難許多。當好幾股力量同時施加於經濟之上時，因為複雜的交互作用之故，會製造出難以解釋的不穩定性，甚至危機。同樣的這些力量，有些在一九七〇年代加爾布雷斯寫作《不確定的年代》時便在作用當中。正因如此，我才開始覺得我們的未來是「下一個」不確定的年代，也順理成章地以它為本書英文版的書名，儘管這麼做帶有一點感情色彩。這個書名也還要傳達一個觀點，那就是下一個不確定的年代，肯定不會是最後一個。

這本書旨在幫助人們更加認識他們所見窗外的世界，以及他們在日常生活中所承擔的風險，以便做出更好的決定。書中主張一股日漸高漲的風險浪潮即將洶湧而至，並提供具體的建議來引導我們面對未來。

無論你是一位執行長（CEO）、經濟學家，還是一個在考慮孩子教育的父母，當我們天天為了生存而奮鬥，很容易忽略那些已經在運作中的重大經濟力量，而這些力量將影響我們往後很長一段時間。而正是那些強大的經濟力量最終決定了我們奮鬥的結果。這本書的目的是要幫助我們每一個人能更清楚地思索並做好準備，以迎接下一個不確定的年代。

加拿大渥太華
二〇二一年六月

第一章 構造的作用力

憶當年：二〇一八年，峇里島

這些年來，我的工作經常需要旅行。隨著時間過去，周遊美國、加拿大和歐洲成了家常便飯，不過因為距離的關係，飛到中國、印度、澳洲、南非和中東就從來沒辦法覺得習慣。以每小時接近一千公里的速度，花上超過一天去到某個地方，會讓你真切地感受到天地之大。

二〇一八年十月到印尼峇里島的那趟路就特別漫長。我的目的是去參加國際貨幣基金（International Monetary Fund，簡稱ＩＭＦ）與世界銀行（World Bank）的年會，通常每隔兩年，年會就會從華盛頓特區移地到某個會員國舉辦。央行官員、財政部長、官方代表團、商業銀行家、媒體等大量人群蜂擁而來，令地主國的保安與住宿基礎設施負荷沉重。峇里島是旅人的夢幻地點，那趟旅程真的是一個能列入我終身額外福利清單的項目。當然，幾乎所有時間都花在開會上，可是旅館就座落在海灘上，所以至少有著撩人的景觀。時值峇里島的晚春，天氣炎熱。男士們事先被告知要穿上一件蠟染襯衫，不要穿西裝打領帶，這對我來說聽起來相當新奇刺激。

當我們落地抵達機場時，被帶到一間私人休息室享用茶點，接受貴賓級的款待，官員們則負責照料入境事宜。然後，我們便很快地來到海灘，入住酒店。我被帶到房間時，聽取了地震與海嘯應變措施的簡報。儘管因為時差而昏昏沉沉，我仍留心聆聽詳細解說，這是因為兩個禮拜前，印尼北邊的中蘇拉威西省（Central Sulawesi）才剛發生災難級的地震，還伴隨著巨大的海嘯。令人感到難過的是，有超過四千人因此喪命，還有成千上萬人流離失所。這在我們所有人心目中都是頭號大事，而峇里島的會議如期舉行，成為印尼人一個堅忍不拔的標誌。引領我到房間的人指出警報響起時要往哪裡跑——往樓上，原來是要跑到比大浪高的地方。房間很漂亮，有很多扇切成小窗格的大窗戶。我一如以往，每每在這樣的旅途後直接上床，不一會兒便沉沉睡去。

夜深人靜時，沒有什麼聲音比玻璃嘎嘎作響更令人背脊發涼。我瞬間站起來，卻發現地板在動。整個房間都在前搖後晃，我站在浴室門口，直到晃動停止。我不太知道該怎麼辦。這個地震比我在一九八〇年代中期在渥太華經歷過的那一次還要強烈，那時搖晃到廚房水槽的水都溢到地板上。不過，它又比一個朋友曾經形容過的東京大地震還弱，當時某個戶外游泳池的水有一半潑灑到外面。我滿腦子都在想，等一下是不是可能有海嘯往岸邊襲擊過來。如果震央很遠，即便我所在的地方感覺震得不厲害，這種情況下還是可能引發一個衝到我門前的大浪，可是旅館裡的警報並未響起，走廊上也空無一人。我做了其他人都會做的事——上 Google 搜尋，地震是六．四級，沒有預測到海嘯，所以我回到床上，但有好一陣子無法入睡。我想當地人已經習慣了每天生活在這樣的風險中，不過它倒成為我們這些訪客隔天早餐聊天時的豐富話題。

從一個比喻開始說起

我們所認識的世界花了大約兩億年的時間才形成，而且今天還在不斷地運動當中，這一點印尼人最清楚了。就連小孩子看一張標準世界地圖，也能注意到西歐與非洲的海岸線，跟北美與南美的東部海岸可以相吻合地貼齊。它們曾經是單一個陸地板塊，被科學家稱之為盤古大陸（Pangaea），在約一億五千萬至兩億年前的侏羅紀時期開始分裂。

科學家相信，源自我們這顆星球半熔融地函（mantle）深處的對流，使得構成地球地殼的構造板塊四處漂浮。這是個極其緩慢的過程，也許少到每年只有十公分，可是這種微小變化背後的強大力量是難以估量的。隨著歐亞板塊與非洲板塊遠離北美板塊與南美板塊，兩億多年的運動累積下來的效果已經足以形成大西洋。隨著這些構造力把大西洋擴得更大，接下來的五千萬年間，世界還會繼續改變，而澳洲也將朝著赤道向北漂移。

兩個構造板塊相互摩擦的時候，會出現一個特別有趣的狀況。大多數時候，板塊以這種方式漂移不會發生什麼重大變故。在這些交界處中，最出名的恐怕是貫穿加州的聖安德列斯斷層（San Andreas fault），它從舊金山的太平洋岸向內陸延伸，然後往南傾斜朝著棕櫚泉（Palm Springs）而去。沿著這條斷層，太平洋板塊逐漸向北移動，而北美板塊則往南漂移，導致該區域幾乎是持續不斷地發生小地震。這種規律的構造運動或漂移，伴隨著偶發的微震，就是一種平衡狀態。

不過，當兩個板塊卡在一起，構造運動停止，板塊試圖移動的時候會累積應力（stresses）。到某個時刻，這股壓抑的力量變得夠大，便會使得板塊彼此鬆脫開來，像是要彌補失去的時間似的，快速移動好一會兒。結果就會發生像帶給蘇拉威西死亡與毀滅的那種大地震。人類對這樣的自然力量無能為力，只能努力地去理解它們，概略地預測它們，而最重要的是做好準備。

五個運作中的經濟力

就跟構造力一樣，當經濟力被釋放的時候，其威力也能驚天動地。構造力在數百萬年的時光裡起作用，而自然的經濟力則是在數十年的時光裡發揮影響，這對人類的一生來說是一段很長的時間。自然的經濟力跟構造力一樣基本上難以察覺，而且鮮少直線移動。預測經濟力造成的後果從來都不是一件簡單、機械化的任務，即便有些經濟學家說起來像是那個樣子。

一般的觀察者大多以為，經濟就像一部有著許多活動元件和精美電子裝置的汽車。不過從行為學的角度來看，汽車的運作並不複雜，只要踩下油門，它就會往前進。儘管引擎蓋底下有很多東西在運轉，但這一切都是純機械式的，因此容易預測。你送進系統的每一個輸入，都會有一個對應的輸出。

不斷運作的經濟力所具有的這種內在複雜性，總會令人們對其結果感到不確定。這意味著跟天氣預報一樣，經濟預測始終應該以機率來表示。經濟預測就像在開一台破舊不堪的車子，我們只能說它可能會往前進，不過它還是有可能突然左轉或右轉。

由於經濟裡的各種連動關係是個人行為在集體表現下的產物，所以遠比汽車這樣的機械複雜許多。經濟力有時會相互放大，把經濟推往同一個方向，造成驚人的巨大效應。但常見的情況則是兩股力量相互部分抵消，各自把經濟推向相反的方向，這時我們觀察到的便是超過一股力量所造成的淨效果。經濟學家可能不明白是什麼因素讓這些力量達到平衡，不過顯而易見的是，就跟相互摩擦的構造板塊卡住一樣，不平衡的狀態持續下去會導致壓力累積。大自然的力量如此強大，無法永遠壓制，到了某個時刻，當這股壓力勝過阻擋它們的摩擦力，平衡狀態就會被猛烈地恢復。在地質學裡，我們稱這些事件是地震；在經濟學裡，我們說這是危機。危機是經濟不穩定的終極形式，是一種異常事件；在經濟穩定與危機之間的光譜上，存在著不斷升高的不穩定性和日益增加的未來不確定性的連續現象。

思索兩個移動中的構造板塊間可能的激烈交互作用是一回事，考慮影響全球經濟的構造力又是另一回事，因為其中涉及的力量更多，而且它們的交互作用也遠遠更為複雜難料。這不單純只是一個值得深思的有趣理論，它還有可能會影響到你的就業保障、儲蓄或房屋價值。

本書審視了當今世界上的五個長期作用力：人口老化、技術進步、不平等加劇、債台高築與氣候變遷。在性質和範圍上，這些都是真正具有全球性的力量。遠在COVID-19來臨以前，這些力量就已經全部在運作當中，即便疫情遠去，它們的效力也將持續下去。就這層意義來看，它們與運行於地球地殼下的構造力十分相像。

想想我們的第一個構造力：人口老化。儘管全球人口正在老化的事實再眾所周知不過，但它恐怕是今日商業界裡最為人所低估的一股力量。由於人口老化是逐漸地發生，所以這股力量在一般商業計畫期程裡不太可能產生實質影響。不過七十五年前，二戰後有段時間世界人口出現一次大膨脹，持續大約二十年之久；在一九六〇年前後達到出生的高峰期。這些人在一九七〇年代開始進入全球勞動力市場。勞動力激增的高峰發生在一九八〇年代初期，而其中許多人在二〇一〇至二〇三〇年間退出勞動力市場。五十年來由嬰兒潮世代所推動的勞動人口膨脹深深影響了我們許多人的觀念，如今，隨著嬰兒潮一代進入退休階段，情勢正在逆轉。

經濟成長由勞動力成長和生產力成長這兩個部分所組成，因此經濟成長會受到勞動力成長所制約。如今，我們正在進入一個勞動力成長緩慢許多的時代，經濟成長趨勢也會隨之走緩。在浩瀚的歷史長河中，這是在歷經帶來相當快速經濟成長的嬰兒潮所引起長達五十年的擾亂之後，回歸比較常態的狀態。這個觀點很重要，因為我們對未來的期望通常取決於我們的集體歷史經驗。人口迅速老化意味著過去五十年的經驗將無法妥善地指引我們走向未來，也就是說，經濟成長將不會恢復到近期的歷史平均水準。反之，它將與更長期的歷史基線平均值趨於一致，比起嬰兒潮時期的異常表現，這看起來將相當地平淡無奇。

人口老化對利率也有影響。當經濟處於穩定狀態，沒有受到任何壓力或干擾時，趨勢經濟成長率與利率平均水準之間會呈現一種自然的關係。計入通貨膨脹調整後，兩者大致相等，舉例來說，如果通貨膨脹率穩定在二%而利率在三%，那麼實質（或計入通膨後）的利率將是一%，趨勢經濟成長率也會大約在一%。當然，這些關係並非時時刻刻全然成立；現實從來不像經濟學教科書裡講的那麼簡單。不過長期平均而言，它們確實如此，就像渥太華七月分的平均氣溫大約是攝氏二十一度（華氏七十度），而任何一天的氣溫都可能跟平均溫度不太一樣（我會在第二章更詳細解釋利率的影響）。

隨著嬰兒潮世代從三十多歲邁向五十多歲，他們投身勞動力市場，促進經濟成長也推高了實質利率。觀察到的利率在七〇年代末和八〇年代初上升的更多，這是因為這段期間的通貨膨脹率也在提高。兩者對利率的影響在八〇年代初期達到高峰。自此之後，利率便一路走下坡。

起初，這主要是因為通貨膨脹率下跌的關係，不過到了最後十年，也是由於年華老去的嬰兒潮一代退出勞動力市場的關係。

本書審視的第二個構造力是技術進步，它比經濟學還要古老，是五種構造力當中唯一的正面力量。自人類歷史起源以來，便有記載技術進步一直在經濟成長的表面下運作，為其增添動力。不過人類有時會開發出一種應用於整個經濟的技術，對生產力造成深遠的影響。由於應用範圍廣泛，它被稱爲通用技術。這類事件對經濟史來說非常重要，以至於以工業革命名之，譬如十九世紀的蒸汽機、二十世紀初期的電氣化和七〇年代中期電腦晶片的應用。

從生活品質、生產力與所得方面來看，每一次的技術躍進都帶給社會無盡的好處。經濟成長率有數年時間超越趨勢水準，從而永久地提高了國民所得水準。不過每一次技術躍進也讓個體吃盡苦頭，公司必須適應每一種新的技術，否則就會被迫退出市場，這對公司和員工來說同樣具有破壞性。許多工作永遠消失了，而受到影響的人失業很久才找到下一份新工作。隨著十九世紀中期第一次工業革命之後而來的是一八七三至一八九六年的維多利亞蕭條（Victorian depression）時期。二十世紀初第二次工業革命後緊接的則是一九三〇年代的經濟大蕭條（Great Depression）。面對一九八〇年代的第三次工業革命，政策制定者處理的比較好，但它仍然帶來了相當大的破壞與痛苦。我們在一九九〇年代初期和二〇〇〇年代初期，這兩次看到的不是蕭條，而是所謂的「失業型復甦」（jobless recovery）——經濟成長復甦，卻沒有創造出多少新的就業機會。

明白過去工業革命的深層驅動因素，對於瞭解未來至關重要，因為我們正處於第四次工業革命的前期，究其根源是經濟的數位化、人工智慧（AI）的普及和生物科技的進步。截至目前為止，我們只看到這種技術躍進的早期成果。我們會在打電話給銀行時，或上網搜尋某個產品，而沒多久再上網便看到該產品的定向廣告時，接觸到人工智慧。當COVID-19疫苗不過幾個月時間就被開發出來，我們見證了生物科技的新方法發揮作用。第四次工業革命和前三次有不少共同之處，因此不只是對政策制定者，對公司和個人來說，都有很多地方可以向歷史借鏡，以便為未來做好準備。

我的第三個構造力是不平等加劇。如同托瑪·皮凱提（Thomas Piketty）在他於二〇一三年出版的《二十一世紀資本論》（*Capital in the Twenty-First Century*）一書中所記載的，過去幾十年來，所得不平等一直是一個時熱時冷的社會議題，不過在COVID-19大流行期間，它成了頭條新聞。從歷史上來看，技術進步是不平等惡化的主要驅動力，不過全球化也具舉足輕重的影響力。人們自然而然便會期望技術進步能改善社會上每一個人的境遇。確實如此，不過新技術所帶來的第一波所得增加往往被少數有創造力的人收割走。同時，那些因為新科技或全球化而生活受到衝擊的人，在找到新工作之前可能會失業很長一段時間。再者，那樣的衝擊傷痕可能持續一輩子，使得受影響的人再難賺到跟過去一樣多的收入。簡言之，對個人來說，技術變遷會使未來看起來非常難以預料。

富有的新技術發明者和他們的股東們將及時把新增收入花在整個經濟中，為各個產業創造工作機會，造福整體社會。不過，少有人會認為這第二輪的正面經濟效應源自於最初的科技顛覆，尤其是一開始就被新技術所取代的那些人。

這些經濟力量不是展現在實驗室或電腦模型裡，而是展現在個人選擇所塑造出來的真實世界中，引發了從恐懼到忌妒到憤怒的各種情緒。結果就是，所得不平等加劇與科技導致的勞工失業，便自然而然成為一種政治議題。毫不意外的是，投機的政客長久以來一直在利用這種普遍不滿的情緒，允諾人們一個更公平也更確定的未來。我稍後會解釋，出於善意的政治行為很容易被證明是適得其反的，非但沒能解決問題，甚至造成更大的經濟不穩定性與未來的不確定性。所得不平等加劇在維多利亞蕭條和經濟大蕭條時期扮演一個重要的角色，放大並延長了人們的痛苦，也成為 COVID-19 大流行期間的鎂光燈焦點。

我的第四個構造力是債台高築，這是近年來備受關注的課題。嬰兒潮世代在他們的借貸高峰期提高了家庭債務總額。然而即使最年長的嬰兒潮世代開始退休，家庭債務總額仍然持續增加，這是因為他們生的千禧世代孩子借錢借得更凶。這在一定程度上是因為利率持續下滑的關係，使得家庭和公司比較容易應付更高的債務負擔，不過銀行的創新也是重要推手。想想看，比起一九七〇或八〇年代，今天的家庭要借錢有多麼容易。回到那個時候，年輕夫婦若要申請房貸，得如坐針氈地等個幾天才能知道銀行的決定。打個比方來說，我們已經從一家只能從固定菜單點餐然後等很久才送菜的龜毛高檔餐廳，變成一間信貸額度吃到飽的休閒餐廳。

此外，中央銀行的貨幣政策一向會有提高私人部門負債的自然副作用。央行的任務之一是降低經濟波動的規模，以保持通貨膨脹穩定。每當經濟疲軟，就會用降息的方式來緩和衝擊，一視同仁地鼓勵家庭與公司借錢做大額採購，提振經濟成長。這個機制也能幫助脆弱的公司在經濟低迷時存活下來，而不是倒閉，從而盡可能地減少裁員。因此，每一次景氣循環都會見到家戶與企業的負債步步升高到一個新的穩定水準，而非藉由嚴峻的衰退與債務重整來把債務從經濟體系中清除掉。

然後是政府債務。在經濟疲軟時，運用財政政策——增加政府支出或減稅——來提振經濟，意味著執行赤字運算並增加政府借款。政府債務呈現上揚趨勢已有一個世代之久。COVID-19疫情期間，驚人的政府支出已經使全球公共債務升高到二戰之後未曾見過的水準，這實在是一種過度超速運轉的力量。

我的第五個構造力是氣候變遷，迄今為止，它在經濟史上並未發揮重要作用，不過卻在今時引起最多的關注。氣候變遷被廣泛認為是經由特定天氣事件導致經濟與金融波動的一個源頭，例如洪水、更頻繁的強烈熱帶風暴、乾旱、野火和極地渦旋，儘管這種看法並非舉世皆同。這些事件造成人們流離失所、死亡、家園與基礎設施毀壞，並打亂了正常生活和商業運作。它們使得政府財政吃緊，這股壓力也會因為衝擊到保險公司及其他金融機構而蔓延至金融市場。

對氣候變遷的關注增加，使得許多政府的政策正在轉向，以鼓勵實現二〇五〇年淨零碳排放經濟轉型，排放管制法規和碳稅（carbon taxation）都是其中的例子。當然，這些減碳的抱負將面臨政治上的挑戰，不過無論綠色環保轉向是成功、部分實現，還是失敗，這種被迫的能源轉型都將在未來形成一股新的波動來源。實現淨零排放有許多種可能途徑，每一種都對經濟、政治後果和可能因各國而異的折衷做法有不同的影響——凡此種種，都使得氣候變遷成為個人與公司不確定性的主要來源。

其中許多這些途徑勢必將導致化石燃料產業工作的流失，並減少化石燃料生產國的收入。在某些情況下，大型能源礦藏將被遺留在地下不再開發，對那些公司與所在國家的市值造成明顯的影響。此一波動性將直接傳遞到借錢給那些公司的銀行身上，因為投資人會仔細尋找這樣的關聯性，看到公司和相關銀行不符合新的環境標準時，就會賣掉他們的股票。

簡言之，無論是自願、透過監管法規或徵收碳稅的方式來主動降低碳排放，都將對經濟與就業產生廣泛的影響。它藉由迫使公司投資減碳技術這種直接方式，或當投資人迴避其股票，使得借貸變得更昂貴這種間接方式，提高了企業的成本。許多公司將做出調整，同時導入可減少碳足跡和勞動力的技術。商業環境永遠都不會跟以前一樣了，這一點是肯定的。

不穩定性來自力量的相互作用

重要的是，這五種力量同時在運作中，並且達到臨界壓力水準。它們就像地球的構造板塊那般相互碰撞、相互堆疊，並且製造應力。經濟與金融地震的風險升高，將大大增加未來的不確定性。

個別力量作用於經濟之上，可以產生有序、易懂，甚至是可預測的效果。舉例來說，經濟學家多年來一直在思考人口老化的衝擊，並且建立一些模型以反映其對經濟的預期影響。大多數總體經濟模型假設所有的消費者都是相同的，因此只會納入「一般」消費者的行為。這顯然是一個嚴重的限制，不過模型只是意在粗略地接近真實；簡化的假設對於建構經濟學家能理解並使用的模型有其必要。一個更完善的模型則可以允許譬如工作家庭與退休家庭之間存在不同的行為，對這兩個群體分配相對權重，然後才把它們組合起來以預測總體消費支出。比起只根據一種典型家庭的模型，這樣的模型將更能呈現人口老化如何導致經濟成長放緩。

經濟學家的模型是建立在統計平均值的基礎上。舉例來說，當利率上升，家庭借貸就會放緩，這是常識，但是減緩的幅度有多大？速度有多快呢？答案取決於其他情況，而且會因家庭而異。在總體經濟模型裡，經濟學家以一個被稱為「彈性」（elasticity）的單一數值來總結所有可能的結果，它是根據譬如過去十年或二十年的平均歷史經驗所計算出來的。經濟體內的借款總額對特定利率升幅的實際反應，可能不符合那個具體的彈性值，但平均而言將會是符合的，而且這個估計出來的彈性被認為是最有可能發生的結果。對經濟學家來說，「承認從他們的模型得出的預測並非定論，並提供相關不確定性的一些表示」會是一個不錯的做法，這可以靠著以如同天氣預報裡的概率或是一個範圍的可能結果的形式來做出預測。以後者而言，因果之間的不確定性愈大，經濟結果的可能範圍就愈大。

以這種方式來承認不確定性是合宜的，但卻未被廣泛採行。想像有一家媒體報導引述某個經濟學家的話，表示明年的利率會在一%至四%之間，而另外一位經濟學家則很有把握地表示，明年的利率將是二．五%。第一位經濟學家據實以告，讓人們瞭解相關的不確定性，並留待觀眾自己判斷。第二位經濟學家內化了不確定性，給觀眾容易消化的東西，觀眾們可能根本感覺不到什麼不確定性。無怪乎新聞媒體引述最多的是這位把事情簡化的自信經濟學家。人們出於本能地討厭不確定性，而且可以從自信的專家那裡得到安慰。如果事後證明隔年的利率是三%，表示第一位經濟學家做的預測比第二位好，但也不會有多少人記得。這是一件很可惜的事，因為第一位經濟學家能真的幫助人們瞭解他們在做財務決策時所承擔的風險，而這樣的知識可以引領他們做出不同的決定。第二位經濟學家儘管更讓人安心，卻會導致人們自己承擔更多的風險，無論他們是否意識到這一點。在未來，家庭若要能有更好的風險管理做法，便須敦促自信滿滿的經濟學家們詳細闡述他們的預測，解釋涉及其中的上檔與下檔風險。

分析多重力量加重了不確定性問題的複雜度。每一種因果關聯都有一些相應的不確定性，同時考慮多個不確定性來源，表示某個經濟預測的可能性範圍會變得更廣。此外，隨著預測者對未來的展望看得更遠，這個可能性範圍就會更擴大。

這還只是紙上談兵而已。現實的世界是更複雜的，因為作用於經濟之上的多重力量也會相互影響，經濟學家將這種動態的交互作用稱為「內生性」（endogeneity）。在經濟模型裡追蹤這些內生性互動是極其困難的事，模型變得愈複雜、愈現實，就愈難衡量模型預測的統計不確定性。事實上，我主張，當多種長期力量隨著時間推移而同時對經濟施力，而且也彼此交互作用時，經濟體本身會表現得既不規則也不穩定，甚至可能走向危機。在這種情況下，模型的預測可能一點價值都沒有。

這個想法源自於混沌理論裡的數學。它的名稱便道盡一切。數學家已經證明，當經過充分理解的動態過程彼此交互作用時，由此得出的預測往往反覆無常到基本上是一片混沌的。日常生活中有一個簡單例子是當噴射機在晴朗的天氣下飛行，遇到無法解釋的亂流的情況。機翼的曲率——對於產生讓飛機飛行的升力至關重要——與空氣中的阻力交互作用，會使飛機的性能產生微小的隨機性，而這是無法事前預測的。

醫學上有一個相似的情況，是某人罹患了一個熟知的疾病，但因為跟另一個本以為已經得到控制的潛在疾病相互作用而無預警死亡，比如一個身體非常健康但患有創傷後壓力疾患

（posttraumatic stress disorder，簡稱ＰＴＳＤ）的人，突然死於心臟衰竭。這樣的結果看似令人費解，除非我們考慮到一個可能，亦即健康因素之間的諸多交互作用遠遠比我們所能理解或嘗試建模的複雜太多了。

就經濟結果而言，即便我們瞭解每一種影響前景的個別力量，然而它們的交互作用卻可能帶來看似難以理解的結果，因此在數學的意義上是混沌的。

這種推論提供「黑天鵝」事件（black swan event，編註：是指極不可能發生（如天鵝理應都是白的，卻出現黑的），但卻真的發生，且造成巨大影響的事件）的一種另類解釋，該詞彙因為納西姆·尼可拉斯·塔雷伯（Nassim Nicholas Taleb）在二〇〇七年出版的書而流行起來。塔雷伯引用的例子包括網際網路的興起或九一一恐怖攻擊，這些都完全在意料之外，而且改變了遊戲規則。當經濟學家宣稱某個經濟或金融事件（譬如二〇〇八全球金融危機）是黑天鵝的時候，他們基本上是在為自己未能預見事件的發生開脫責任。如塔雷伯所指出的，並非所有的天鵝都像牠們看起來的那麼黝黑，即便二〇〇八年飛下來的那一隻也是如此。然而，一旦事件發生，它就從不可置信會發生突然變成了可能反覆發生，而提出合理化解釋也就成為一件很自然的事情。對於未能預料到的事件，人們的事後諸葛是可以有無窮無盡的創造力和想像力的。

我在本書所提出的新解釋是，有時候經濟體會出現看似完全隨機的事件，譬如危機，其實是因為表面下的普通力量以不尋常的方式在交互作用的關係。危機發生過後，我們更瞭解它們，但這並不能使危機變得更可以預測。

為了說明這一點，想想沿著聖安德列斯斷層的構造板塊，我們知道這些板塊一直在運動中，因此地震是免不了的，所以預測說「總有一天」會發生大地震沒有什麼太大的幫助。不過如果這個預測能提供地震的規模和時間範圍，它就有作為風險管理指南的價值。這樣的預測將成為一種警示，提醒人們不管地震何時發生，現在就要做好應對風險的準備。假使我們運氣好，經歷了分散在一週內發生兩次的小地震，而不是一次毀滅性的大地震，我們所採取的風險管理措施將不會白費。

同樣地，在經濟學的領域裡，瞭解可能導致意外事件發生的潛在力量，也能指引我們進行風險管理，因為事件本身把會發生的狀況展現出來了。即便預計不會遇到亂流，航空公司也建議你坐下來就要隨時繫好安全帶的道理就在這裡；它們是在減少你遇到偶發的晴空亂流時受傷的機率，經驗顯示這是有可能發生的。

我將證明，理解這五種構造力，可以為許多經濟與金融危機提供更完整的解釋，譬如十九世紀末的維多利亞蕭條、一九三〇年代的經濟大蕭條、一九九七年的亞洲金融危機和二〇〇八年的全球金融危機。儘管這些事件已獲廣泛的研究，但構造力所扮演的角色並未得到多少關注，重點反而一直放在這些事件的更直接觸發因素上，譬如操作金融槓桿導致的過度投機和股市崩盤。在很多人的印象中，是一九二九年股市崩盤造成經濟大蕭條。我將說明一個更令人信服的說法，指出是一九二〇年代的技術進步造成就業中斷、不平等加劇和物價下跌。物價下跌和高債務水準交互作用，把經濟推向長久的衰退深淵。

憑藉從過去的危機所學到的教訓，我將論證這些構造力將在未來製造更多的不確定性，而員工與雇主為求生存與繁榮，也將想方設法來管理這種不確定性。

COVID-19：韌性的試煉

當 COVID-19 疫情橫掃全世界，其他事情便全都被擱置在一邊。這次大流行病是一場一級天災，摧毀了旅遊業、娛樂業、酒吧、餐廳、健身房、航空公司和各種樣態與規模的實體零售業。它已經改變了工作安排、購物偏好和教育環境。其中一些行為改變將對我們的社會結構產生永久的影響，而這個經歷也會留下累累的疤痕，影響後代子孫的觀感。好比老一輩人終其一生的認知與行為都受到經濟大蕭條的影響，COVID-19 的生活經驗也會如此影響我們和我們的子孫。

如我在第八章將仔細道來的，疫情大流行的前面幾週簡直是亂成一團。金融市場承受相當大的壓力，投資人為了籌措現金幾乎把資產全賣了，公司也動用所有可行的來源以獲取流動性。各央行使出十八般武藝——實際把利率降低到零、向金融機構提供無上限的貸款、直接買進政府公債等——以確保金融市場能夠繼續運作。全球銀行體系順利挺過疫情，證明全球金融危機之後所做的改變有效。世界各地的政府透過直接給付和有助於維繫雇主與雇員關係的工資補貼，廣泛地對個人提供支持。

重要的是，當 COVID-19 來臨時，上述五個構造力已經在運作中。經濟與金融的波動性持續上升好一段時間，但疫情把不穩定的程度拉得更高。人們很自然地會期望疫情過後能有一個更平靜的世界，可是構造力將持續發酵，有些力量還因為 COVID-19 而加速運轉。政府債務大幅增加，新技術的部署正在快馬加鞭。工廠正在利用自動化技術拉開工人的距離，有更多服務在人工智慧的幫助下以遠距提供，在家購物則正在成為一種常態而非例外。COVID-19 後，所得不平等的量測數據已經飆高，這是因為受病毒衝擊的主要是服務業裡較低薪的勞工，而且對女性的影響最大。甚至針對氣候變遷的調整也在加速進行中，因為各國政府似乎更致力於從更環保的方向來重建經濟，而投資人也要求企業採取更有環保意識的舉措。

在正常情況下，應對後疫情的經濟已經夠困難了，但這五種構造力將聯合起來，在未來造成更大的經濟動盪，即便疫情已經遠去，也會帶給個人和公司極大的不確定性。員工和雇主同樣都指望政府能保護他們免受日益增加的經濟與金融風險的影響。

較高的風險必須有落腳處

升高的波動性好比暴風雨下的汪洋波浪，必須有個落腳處。它會現身在幾個關鍵水道中，譬如經濟成長、失業率、通貨膨脹和利率。我們腳下的經濟大地正在轉變。未來幾十年，我們以為一成不變的生活特徵即將發生變化，有時候還會迅速改變。在工作與生活、借貸與支出、規劃與創新上，我們所以為的傳統做法，全都處於變革的風口浪尖上。企業在我們生活中所扮演的角色可能會更吃重，而政府社會安全網的作用也將被一而再、再而三地重新思考。

經濟學並非只會出現在董事會和智庫裡。它涵蓋了我們幾乎所有的決策。它就是日常。改變經濟基石，你就能改變一切。

第二章 人口老化

憶當年：一九五九年，渥太華

在我最早的記憶中，我人在父母位於奧沙瓦市（Oshawa）北邊格里森街（Grierson Street）第一個家的客廳裡。那是一個普通的社區，明顯是藍領階層居住的地方，從我很小的時候開始，就被告知至少我們的家是在北邊。儘管我們的社區很樸實一般，但有許多其他社區看得出來比我們更窮。

我父親是一家汽車零件公司的模具製造工人。他的工作需要使用一台類似切割機的專業機器，將超硬鋼材切割成模具，基本上這是一種反向模具。然後，這個模具會被固定在一台機器上，再用來從鋼板中沖壓出幾千個一模一樣的汽車零件。這是一門使用到千分之一英寸測量值的精密行業，因為就像我父親講的，沖壓件需要完美地組合在一起，才能組裝汽車。我的母親是一名家庭主婦，在我童年時會不時地做些文書工作——換句話說，在經濟壓力大的時候幫忙家計。

這段回憶中的我大約四歲，也就是一九五九年那時。我知道那是在一九五九年二月加拿大政府取消了艾弗羅箭式（Avro Arrow）超音速噴射機計畫之後。我父親原本一直在一家航空零件供應商工作，因為這件事而失業了。

那時是晚上，有很多人來訪，包括幾位阿姨、叔叔、姑姑、舅舅和我的外祖父母。他們坐在房間裡各式各樣的休閒椅、廚房椅，以及前窗下的深綠色沙發上。房間一側有一棵聖誕樹，樹下擺著幾件禮物。屋裡瀰漫著菸草的煙霧，幾乎每個人都在抽菸。我可以看到我的父親猛吸他的香菸，菸頭在半明半暗間閃耀著。我也可以看到我的母親在房間另一側放聲大笑，手裡拿著香菸。「怎麼了？史蒂哥（Stephco）？」我的外祖父大聲叫我，用的是我出生時他給我取的小名，可能是因為他自己已經叫「史蒂夫」(Stevie）的關係。

我的父母成長於一九三〇年代經濟大蕭條時期，他們在一九四〇年代後期相識並結婚。雖然我的父親年紀太小，沒有參戰過，但我是嬰兒潮一代的一員。這一章談人口統計，將會說明那個群體對我們的經濟史有多麼重要。出生的人口數在一九四五到一九六四年間暴增，提高了一九六〇至八〇年代這段期間的勞工供給量，而我們正在目睹從二〇一〇年開始並持續到二〇三〇年為止的勞動力大規模流逝。

這個人口統計群體還將餐桌上學到的重要經濟行為帶進未來。我聽過很多在經濟大蕭條時期艱苦拚搏的故事，往往都是以「你以為你很苦，是嗎？我告訴你，我年輕的時候……」這樣的話起頭的。我母親告訴我，她把玉米片空盒切割成鞋墊，讓她的鞋子更耐穿；我父親的高中成績可以上大學，但他繳不起學費。一九四〇年代末期，他在他父親的修鞋店工作——就位在閃高街南（Simcoe Street South）的家門前——同時在一家工具與模具製造商當學徒。借錢一直被看成是家庭裡的不幸事件。如果你必須借錢，例如為了買房或買車，你會盡快還清債務，並且在「燒掉房貸契約」(burn the mortgage，譯註：還清房貸的口語）或付清最後一筆車貸當晚，邀請朋友過來喝一杯或吃晚餐慶祝。這種態度會代代相傳，並且在未來產生回響，就跟懷孕時抽菸或在充滿二手菸的屋子裡養育孩子，會對他們的健康造成影響一樣。

經濟學家常常開玩笑說，人口統計學很好懂也很好預測，因為我們可以合理地確信，從現在起算一年後，我們全都會老一歲。放聲大笑吧，正如他們所說的。

除了反映出許多經濟學家的幽默感有限，還有他們喜歡講一些非經濟學家很難欣賞的圈內笑話外，這套陳腔濫調並未合理看待人口統計趨勢對消費支出、儲蓄、利率和經濟成長的影響。經濟模型通常會忽略人口統計數據，因為在許多人關注的時程裡（譬如幾個季度或最長兩年），人口統計變數可以被視為一個常數。而對於將持續十年或更久時間的投資（在資源開採業說不定長達五十年），瞭解人口統計數據對於評估現值可能就至關重要了。

但無論與公司或個人切身相關的時程有多長，經濟成長與利率的前景總是很要緊。在大多數預測者預期經濟成長將回歸的這條趨勢線裡，人口統計是一個關鍵要素。即使只關注短期的公司，人口因素也會對其業務前景造成重大影響。

大自然恩賜下的經濟趨勢

經濟成長有兩個來源：勞工人口的成長，或每個勞工的產出成長，也就是所謂的生產力成長。在一個人口數穩定的經濟體裡——即每年的出生人數剛好足以抵消死亡人數，而且沒有移民進出——經濟成長就只能單靠生產力的提升。生產技術驅動生產力的提升，前者是一個通稱，泛指使用機器來加速以往靠手工完成的流程；用更快的機器來汰換掉老舊機器；規劃工廠工作間以消除瓶頸；透過培訓提升勞工技能；或採用全新的技術。

可用的勞工人數會受人口成長的限制。雖然某些改變可能使得更多人進入勞動市場，譬如補貼學齡前兒童的托兒費用，但在缺乏這類結構性改變的情況下，可用勞動力基本上是跟著人口成長在走的。運用一般的出生率、死亡率和移民率來預測人口成長率是相對簡單的事情。

生產力成長遠遠複雜許多，因為它取決於技術的進步與採納，這向來不是一個平穩的過程。有鑑於此種複雜性，經濟學家通常會以近期的生產力成長趨勢來做出推斷，這相當於一種假設，而非預測。先進經濟體的生產力趨勢線通常呈現每年一%左右的成長，新興經濟體因為靠著從先進經濟體輸入技術來追趕，所以成長率會更高。

以此來看，一個人口成長率為一%、生產力成長率為一%的經濟體，將表現出大約二%的趨勢經濟成長率。這種經濟成長趨勢通常被稱為「潛在成長」(potential growth)：在常態時期，它代表經濟可以持續擴張的極限。如果經濟成長高於此一趨勢，通貨膨脹的壓力通常就會顯現；如果低於該趨勢，通貨膨脹率就比較有可能下降。

由於經濟總是受到各種干擾的衝擊，所以會圍繞著那條趨勢線出現景氣循環。舉例來說，假如因為中東某個大型石油生產設施遭到恐怖攻擊，導致油價突然上漲，石油進口國的經濟將放緩到低於趨勢成長率，而石油出口國則會加速成長。不過等到騷亂平息，經濟體就會回到最初由人口與生產力成長所推動的成長趨勢線。

經濟體在經歷干擾後會自然地回到它的潛在經濟成長率，不過有時候政府或央行可以讓它恢復得快一點。由於這是經濟體處於平衡的一種狀態，所以經濟學家稱它是一種「均衡」或穩定狀態。經濟總是受到各種干擾的影響，所以我們幾乎從來沒有觀察到它處於穩定狀態。不過這個觀念仍然是有意義的，因為它描述了經濟體在經過一番動盪之後所趨向回歸的目的地，就跟搖頭公仔的頭總是會恢復靜止一樣。因此，它是對經濟在長時間（譬如五到十年）下「一般狀態」的有用描述。

這種描述經濟穩定狀態的主要定錨因素是全球人口成長率，而在我成年後的大部分時間裡，它一直在走緩當中。隨著占主導位置的族群——嬰兒潮世代——進入全世界年齡結構的不同階段，全球人口已經在穩步老化當中。除此之外，拜飲食改善、吸菸率下降和醫療保健進步之賜，人類壽命也隨之延長，職是之故，六十五歲或以上的人口占全球總人口的比重一直在慢慢地攀升。聯合國預測，這個比率很快就會迅速上揚，從今天的不到一〇%提高到二〇五〇年的一五%。

儘管人口老化是一種全球現象，但世界各地方所處的階段並不相同。今天，日本和大部分西歐國家走得最前面，有超過二五%的人口年紀大於六十五歲。加拿大、美國、中歐、俄羅斯、澳洲和紐西蘭比這個趨勢晚了幾年，中國則比這些國家稍微再緩慢一些。最年輕的人口是在拉丁美洲以及尤其是在非洲與中東。即便如此，我們所有人都將受到全球老化趨勢的影響。

全球人口成長率在一九六〇年代中期達到高峰，每年大約增加二%，自此之後便逐步下降。目前的全球人口成長率是每年一%左右，預計到了二〇五〇年將減緩至每年約莫〇・五%，並可能在二一〇〇前後接近於零。這個人口成長狀況使得全球人口數從一九五〇年代的只有三十億人增加到一百至一百二十億人之間。嬰兒潮世代——出生於一九四五至一九六四年間的人——現在的年齡介在五十五歲到七十五歲之間，就算人們因為健康狀況更好且壽命更長，而留在勞動力市場的時間比起過去更長，但在未來十到二十年間，全球勞動力成長仍將見到明顯的減緩。

聽到這些數字，很少有人會感到驚訝，因為大家一般對嬰兒潮現象略知一二，不過一些經濟面的影響卻遭人視而不見。既然經濟成長主要以人口成長為動力，由此可知過去幾十年來已經慢下腳步的全球潛在經濟成長趨勢，未來五十年也將繼續逐漸放緩。到了某個時刻，人口成長將嘎然而止，而這個世界獲得新成長的唯一來源將只剩下技術進步。

「恢復成長」的觀念深深根植於我們的集體記憶中。在人口成長二％以帶動經濟成長的世界裡長大的我們，已經在奮力理解經濟成長降速至一％的概念。進一步放緩到〇．五％已經在等著我們的孩子們，而我們的孫子輩還會面臨更大幅的降速。只有過去五十年生活經驗的人，很難深入思考這條走下坡的趨勢線，他們已經習慣了經濟的穩定成長，認為這是趨勢，過去幾年只是沒能跟上而已。因此，很多人也認為近來經濟成長疲軟是一時的或是可以解決的，但這只是部分正確的看法。

簡言之，經濟將繼續回歸常態，不過這個常態正在被我們的高齡化人口所重新定義。

對大自然伸出援手

且不管全球人口統計數據如何，個別國家的情況是千變萬化的。舉例來說，在加拿大，隨著嬰兒潮世代退休，本土勞動力成長將在二〇二〇年代的某個時候觸零。這使得加拿大步上日本二十多年前後塵的可能性升高。在一九八〇年代，日本的經濟十分強盛；一九九〇年代這段期間，人口老化加上移民人數少，導致日本的經濟成長慢如牛步。二〇一〇年代，日本實施鼓勵女性進入勞動市場的政策，隨著勞動力開始擴大，經濟成長也有所改進。

加拿大過去已經透過一個歡迎移民的政策來避免這種經濟放緩，該政策旨在促進每年一%左右的人口成長，從而奠定經濟成長的基礎。即便如此，如果移民水準維持不變，加拿大的人口高齡化仍會導致未來幾年的成長趨緩。加拿大最近提高了移民目標，而只要該國仍然是移民的首選之地，它也許能在很大程度上避免落入全球經濟成長減速的下場。換句話說，接納更多移民不只是在幫世界一個忙，也是世界在幫加拿大一個忙。

重新優化全球人口分布也能提振全球經濟成長。與其在低度發展的環境中勉強餬口度日，有才華又勤奮的人在一個擁有更多機器與設備、更好的社會安全網和其他支援系統、更多社交和實體基礎建設的社會裡，更能為全球產出做出較大貢獻。

重點是不應將人口成長放緩視為某種末日場景。人口成長率下跌的後果，可以透過提高女性或年長者的勞動力參與率來加以抵消或至少延緩。在開發中國家，有效的勞動力參與率能經由結構性改革獲得顯著提升。不過，這類政策並無法改變形塑長期經濟成長的人口因素。

當然，僅僅擁有更多人口並不意味著就會自動擁有更多財富。也是有不缺人民的貧窮國家存在，而且一直以來都是如此。經濟體得以利用其勞動力潛力的關鍵在於技能發展與資本投資，譬如機器和基礎設施。這些要素共同創造出生產力的成長，也就是每個勞工可以生產的產量，同時也創造出上述另一個經濟成長來源的增加。在大多數經濟體裡，生產力成長就跟漲潮一樣，是一種新成長的穩定來源。不過，偶爾也會出現一波技術大浪，在一段時間內推動各地的生產力成長；我們將在下一章詳細審視這種現象。

我們這輩子見到最驚人的經濟成長並不是由技術帶動的，而是來自政府政策的轉變。中國過去三十年來的經濟奇蹟主要是由土地所有權改革所驅動。該國的經濟從一群各自產量僅供溫飽的單一農家集合，轉變成商業化的大規模農業型態。大公司有能力購買農耕機械和投資於作物專業化，從而提振生產力和經濟成長；同時被迫離鄉的家庭搬到城市居住，也為中國勞動力的大規模擴張注入活力。此外，適逢中國正在加入全球貿易體系，這樣的勞動力擴張促成製造業與服務業的大幅增加。就像人們所說的，接下來的故事大家都知道了，而我們正身歷其境。

然而，任何經濟體都不可能維持中國早先在經濟突破期間所成就的那種迅猛成長。沒有一個國家能持續維持一〇%的成長，中國的經濟成長如今已經處於跌勢很多年了。改革的進程已經成熟，這是必然的結果。不過，無論經濟成長的速度如何，其所得**水準**總是遠比政府推動國家進入全球市場以前高出許多。到了最後，隨著中國的生活水準逼近其他大國，中國的成長模式看起來會更像今天主要經濟體的成長模式。

開發中經濟體的這種經濟成長收斂過程，過去已經發生過很多次，例如一九六〇至九〇年代的日本就曾發生過。日本有辦法受惠於其他國家的科技進步，並從頭開始建設，在經濟表現上實現了真正的突飛猛進。隨著日本在傳統上由北美主宰的產業如汽車與電視製造業方面取得實質進展，西方社會浮現了有一天可能會被日本「接管」的恐懼，譬如一九九三年由史恩・康納萊（Sean Connery）主演的電影《旭日東昇》（*Rising Sun*）裡，便體現了這層恐懼。

我們知道這種恐懼是搞錯方向了，但人們並沒有充分理解日本從未「接管」的根本原因。第一個原因是前面討論過的人口統計問題，第二個原因則是一個經濟體在穩定狀態下的成長率也取決於它所處的發展階段。技術進步就像新鮮空氣一樣散布在世界各地。儘管想法可以用專利保護，甚至在地緣政治上被囤藏起來，不過還是很容易以逆向工程破解並複製。技術領先者就像V字型加拿大雁陣的領頭雁，為其他跟隨者突破逆風。

假以時日，落於人後的經濟體便能在人均所得方面迎頭趕上，其採行的做法要麼靠著引進新技術，要不然就是模仿他們看到領先者正在發展的構想。當然，成為領頭雁需要科技與研發（R&D）領導力，這要來得困難許多。韓國現在正走在複製日本一九六〇至九〇年代成功收斂的老路上，而且也不約而同地在許多相同的產品領域，譬如汽車和電子產品上有所斬獲。

在世界上領頭的加拿大雁其實是美國，讀者可能會覺得很諷刺，不過我認為這個比喻仍然很貼切（而且加拿大人也沒有獨占加拿大雁，我經常在加州的高爾夫球場上看到牠們）。

這一切都是要說明，趨勢經濟成長主要受人口成長推動，不管是靠土生土長的人還是靠移民的增加。生產力成長通常是經濟成長的次要來源，可是隨著人口老化，它將成為主要的驅動力。由於嬰兒潮世代老去，人口成長逐漸地放緩，有鑑於此，生產力成長若沒有出現一波新的持久漲勢，在可見的未來，全球經濟成長可能會維持逐漸下滑的趨勢。

自然利率

人口趨勢也會影響利率。當經濟處於穩定狀態，沒有遭受到壓力或干擾時，趨勢經濟成長率與平均利率水準之間會形成一種自然的關係。計入通膨調整後，兩者大致相等。此事的直接含意是如果我們預計未來幾年的全球經濟成長將走下坡，那麼利率也會下跌。

這層關係的解釋並不複雜。我們觀察到的利率由兩個部分組成：通貨膨脹率和排除掉通膨後的基準（或「實質」）利率。當通貨膨脹率穩定在二％而利率為三％的時候，實質或排除通膨後的利率會是一％。當經濟受到干擾時，實質利率會上下波動，但往往又會像搖頭公仔那樣回到經濟學家所稱的「自然利率」(natural rate of interest)。這種利率藉由在經濟中保持儲蓄與借貸之間的平衡，發揮穩定系統的作用。

假設家庭是儲蓄方而公司是借貸方。利率高的時候，家庭會多存點錢，使得公司有更多資金可借，可是利率高，公司就會借得少。高儲蓄和低借貸兩相結合下，聯手壓低利率，降低儲蓄的吸引力並提高借貸的吸引力。隨著有更多的人去借錢而手頭上可供借貸的存款變少，利率自然會回升。在其他因素不變下，儲蓄與借貸便可取得平衡。

公司借錢投資來發展業務，對於加速經濟成長有直接貢獻。因此當利率跌到自然水準以下，便會使借貸與投資上揚，拉抬經濟成長的勢頭；可是較低的利率導致儲蓄減少，表示可供借貸的資金變少，利率因此回升，借款與投資縮減，儲蓄與借貸重新取得平衡，而經濟成長也放緩回歸正常水準。這是經濟成長與自然利率保持協調一致的平衡狀態。再次強調，由於經濟總是因為種種原因上下波動，這種協調一致是長期下的平均結果，並非每時每刻都是如此。

自然利率無法直接觀察，不過經濟學家有估算的方法。我們在市場上觀察到的利率包含「加成」（markups）在內——當你貸款買房，你可能支付的是實質利率加上二%以抵消通貨膨脹率，如果你想要借五年而不是一年的話，還會再加上另外的一%，因為貸款方需要一些保護措施以防利率上揚。想要發行五年期公司債的企業也會支付同樣的加成，再加上一個額外的加成以應對他們可能拖延還款的風險。風險溢酬（risk premium）的大小則視他們的信用評等（BB、BBB、A等等）而定。

在一九七〇到九〇年代之間，隨著嬰兒潮世代從三十歲逐漸邁向五十歲大關，他們對勞動市場的投入推動了經濟成長。由於這些年也是他們的借款高峰期，自然利率和實質利率因此水漲船高。觀察到的利率在一九七〇年代末和一九八〇年代初期上升得更多，這是因為通貨膨脹也同時在上升。這兩股推升利率的壓力源在一九八〇年代初期達到高峰，自此之後，利率便一路下降。

起初，這種下跌趨勢主要是因為通膨下降的關係，但過去這十年間，是嬰兒潮世代的高齡化使得利率一蹶不振。年長一點的人在接近退休時往往會存更多錢：人口老化帶來更多的儲蓄，表示公司可以向銀行借來投資的可用資金更多了。然而，與此同時，整體經濟成長率放緩給了企業減少投資的理由，因為這會壓低投資的可能報酬率。穩定狀態下的利率（也稱為自然利率、中性利率（neutral rate of interest），或有時以「r^*」稱之）將跟著趨勢經濟成長率下降。

過去這二、三十年間，我們看到利率下跌有很大部分是大自然作用的結果。事實上，過去這一百五十年來，低實質利率已經成為常態，而非例外。在十九世紀後半葉，長期名目利率（未經過通膨修正）有將近四十年的時間低於五%，然後這個現象又從一次大戰之後一直持續到一九六〇年代中期。此時，嬰兒潮世代進入勞動市場，拉抬了經濟成長與實質利率，而一九七〇年代爆發的大通膨（Great Inflation）又從名目利率方面強化了這種實質利率的激增。

這意味著我這個世代的人往往以為利率較高是正常的，但從歷史經驗來看，這大多是因為人口統計與通貨膨脹的緣故。我們的孩子正在迅速瞭解到低利率更是一種常態。我們正在回到一個令人聯想到一九五〇年代與一九六〇年代初期的時代。我們正在恢復「正常」。

最近二十年來，金融中介（financial intermediation）——銀行業的創新與競爭力量——是另一個一直在壓低利率的因素。利息是一個人今天就要買東西而非先存再買所付出的費用；基本上，利息是不耐等待所要付出的代價。當借貸能力在一九六〇和七〇年代受到人為限制時，消費者願意付出較高的利率來滿足當前的需要，而非儲蓄和等待。不過，銀行和其他金融中介機構的借貸流程，已經從保守、家長式、高度受限的系統演變成一種自助信貸系統，實質上可讓家庭管理自己的借貸。金融中介的競爭加劇，加上技術進步使得金融機構能比以往更有效率地管理信用風險，因而促成了此一發展。人們渴望消費的程度，似乎不再像過去那樣受到實質利率的制約。

讓我們用可觀察到的世界來說明這些概念。如果計入通膨調整後的經濟成長率是一%而通貨膨脹率是二%，那麼從名目（或可觀察）的角度來看，經濟會以三%的速度成長。一般公司會看到營收成長三%，而政府的稅收也將成長三%。如果穩定狀態下的實質利率是一%，那麼我們支付的利率——稱為名目利率——的計算根據將是三%（一%的實質經濟成長率加上二%的通貨膨脹率）。較長期的利率會更高，因為除了這些利率，高風險的借款人需要再支付一筆特定風險溢酬。這就是我們在現實世界中觀察到的利率如此複雜的原因所在。

即便如此，它們全都因自然利率的共通因素而緊密相連。這些利率背後是自然利率和經濟成長率、人口成長率、生產力及通貨膨脹率之間的自然連動。短期內，它們會出於多種原因而各自波動，所以彼此之間的這種長期關係，可能在一般的觀察者眼中並不明顯。可是，它們就像一群參加校外旅遊的孩子們，被一條六呎長的繩子拴著那般彼此牢牢相繫著。在這些「孩子們」當中，最重要的就是人口成長率，因為它已經開始拖累整群人，而在可見的未來也仍將如此。

全球趨勢經濟成長率不會恢復到歷史平均水準，事實上，在未來的十到二十年間，它將慢慢地愈來愈低，而作為我們利率體系錨定點的自然利率，在可見的未來也將維持在低點。全球勞動力成長將呈現下降趨勢，勞工可能供不應求，尤其是那些實施限制移民政策的經濟體。高齡化國家可能需要彼此競搶移民來填補勞動力缺口；同時間，老年人口不斷增加，也將對包括急症與輔助生活在內的醫療保健體系帶來重大的需求，而政府也將面臨財政壓力。

儘管個別國家可能有辦法透過增加移民來延遲這不可避免的問題，但整個世界無法這麼做。想要確保生活品質持續提高，並推動全球經濟成長趨勢上揚，最好的辦法就是促進技術進步。

第三章
技術進步

憶當年：發現科幻小說

技術進步總是在發生，通常是一點一滴地進步，幅度小到至少對科幻小說迷來說很不起眼。我是在一九六六年時對科幻小說產生了興趣，當時我還是個十一歲的孩子，而《星際爭霸戰》（*Star Trek*）於電視上的首播正是在那一年。而我們家在一九六一年我弟弟出生以前，就已經從奧沙瓦市搬到附近的鄉下社區米切爾角（Mitchell's Corners）。《星際爭霸戰》令我大開眼界——曲速旅行、用光束把人傳送來傳送去、手持式通訊和醫療檢查設備，還有在我們今天稱為平板的裝置上閱讀報告。那些概念有很多在五十年後看來仍然相當奇特，但有一些已經證明極具先見之明。

接下來幾年，我們家過著典型的鄉村生活，接著便是對波洛茲（Poloz）一家來說非常艱困的一九六六至一九六七年的秋冬時分。我的雙親在孩子們面前沒有多說什麼，不過我知道我們過得很辛苦。我父親所任職的公司發生長達一年的罷工，領頭的是工作面臨自動化威脅的生產工人。他們的工作是站在一台巨大的沖床前，插入一片鋼板，然後踩下沖床的板機。裝著模具的沖床向下猛壓，把扁鋼變成汽車零件；工人會取出新成形的物件，堆放在一台推車上，然後重複同樣的過程，一整天都這樣。這些工作顯然是自動化的候選對象，尤其是出於安全的理由。有好幾次，我父親回到家告訴我們某個工人失去手指頭或發生更慘烈情況的故事。罷工終於讓那間公司倒閉了。

那段期間，我父親打過很多零工，包括幫路邊的農家採摘蘋果。他最後終於在另一家汽車零件供應商找到當模具工人的工作，重新開始。可是以往累積的經濟壓力實在太大了，一九六七年夏天，雙親賣掉他們夢想的家，搬回奧沙瓦市與我的外祖父母同住。

他們的房子是在城南魁北克街上的一間戰時小屋，那是政府在一九四〇年代建來收容返鄉退伍軍人和家屬的住宅。我的外祖父是二戰老兵，家族傳說裡就有他曾經和詹姆斯·杜漢（James Doohan）在歐洲砲兵部隊一起服役的故事。二十年後，杜漢在最早的《星際爭霸戰》影集中扮演星艦**企業號**（Enterprise）的總工程師蒙哥馬利·「史考提」·史考特（Montgomery "Scotty" Scott），這件事似乎總是令我和《星際爭霸戰》有著更合理的連結。

我外祖父的房子在樓上有兩間有斜頂天花板的臥室，一樓也有兩間臥室。屋裡有一間浴室，客廳裡的燃煤火爐是唯一的暖氣來源。屋後連著一個棚子，裡頭堆滿了煤塊，從後門便可輕易拿取。身為年輕男孩的我，當時一直很難想像，在一九四〇和五〇年代，我的外祖父母如何在那個家裡養育五名子女。

我很快就發現這是怎麼做到的。我的外祖父母搬到家裡二樓去住，我父親幫他們在樓上安裝一間小浴室，然後其中一間臥室變身成廚房和小小的起居室，另一間臥室給我的外祖母用，而我外祖父則每天晚上用床單和毯子鋪在沙發上睡覺。波洛茲一家則住在一樓，我那巧手的父親在後頭加蓋了一間房間。由於這棟房子沒有地下室，所以瓦斯爐被裝在屋下爬行空間（crawlspace）裡，以取代燃煤火爐。今天，已經身為父母與祖父母的我，仍舊對外祖父母的慷慨大度感到驚嘆不已。

我在奧沙瓦市一個人也不認識，不耐煩地等待八年級開學，就在那時，我找到了麥克勞倫公共圖書館（McLaughlin Public Library）。這間圖書館以捐助人薩繆爾・麥克勞倫上校（R.S. McLaughlin）命名，此人創辦了加拿大通用汽車公司（General Motors，簡稱ＧＭ）。我在圖書館裡發現一個專門存放科幻小說的書架，上面有艾西莫夫（Asimov）、布萊伯利（Bradbury）、克拉克（Clarke）、海萊因（Heinlein）、赫伯特（Herbert）和許多其他作家的作品。那個夏天，我把整個書架的書讀完。一年後，我驚嘆敬畏地觀看人類首次登月——科幻小說變成了現實。

我覺得，接觸科幻小說讓我在談到技術進步及其帶給整體社會的前景時，總是抱持著樂觀的態度。然而，我父親的工作之所以中斷長達一年，根本原因便是出自於推行自動化，這對我們和我的外祖父母來說都是一項重大挫折。儘管我們仍有遮風避雨之處，但是居所擁擠。我們失去了夢想的家園，也沒有積蓄可以資助我和我弟弟上大學。這道傷痕是真實存在的。

經濟學與人類史

人類整天四處遊蕩，為了下一餐飯打獵採集的日子過了幾千年後，開始了經濟專業分工的進程。只要待在一個地方，就可以種植自己的食物並飼養自己的動物，人類的這項發現是一次石破天驚的創新。

也就是說，農業是我們的第一個技術。儘管一開始，這是一種為了維持生計的家庭活動，但人們最後發現，將自己的工作專業化，並且把產出拿來與他人交易，可以帶來經濟上的好處。有人種植物，有人養動物，其他人則打獵，每個人的產量都可以比一次試圖做多種事情來得更多。他們相互交易，以穩定獲得多樣化的食物。

最後，這個系統變得夠好，以至於完成所有工作之後還能有所剩餘——多出來的產量或儲蓄。這使得我們這個物種有能力去創造文化、政府、軍隊和定義現代人類的其他事物。賈德．戴蒙（Jared Diamond）在《槍炮、病菌與鋼鐵：人類社會的命運》（*Guns, Germs, and Steel*）一書中，對此一歷史演進做了一番精彩的描述。今天的我們並無任何不同：每一個人皆術業有專攻，我們全都是用自己賺到的錢來交換所需的東西。

貿易國際化是這個發展過程的下一步。商品和服務貿易不再僅限於鄰里之間；它跨越國界，橫渡海洋，而且需要用到譬如造船和以獸力來遠距搬運商品的技術（請注意：國際貿易不是發生在國與國之間，而是發生在不同國家的人民之間）。經濟活動的專業分工帶來了高生產力和社會盈餘，而貿易（無論是本國貿易或是跨國貿易）使我們過著比凡事親力親為還要更好的生活。我們今天所說的全球化與兩百年前並無二致，差別只在於強度和進入地理分散的供應鏈的商品與服務細碎化程度。

技術進步一直是這段歷史中一個持續存在的特徵。人類能力的穩定進步偶爾會被生產力的大躍進所打斷，而驅動躍進的是新通用技術的廣泛採用。這些經濟表現的飛躍，進步程度大到足以被稱為工業革命。

三次工業革命帶來三段痛苦期

第一次工業革命通常被歸於發生在十八世紀末到十九世紀末之間，驅動革命的是蒸汽機的發明和廣泛應用，以某種更強大的能源來取代人力和獸力。那場革命把許多人從苦勞中解放出來，換句話說，他們丟了工作。新技術的發明者和早期採用者獲利豐厚，引發一波股市榮景。

老牌公司歷經一次大規模洗牌，特別是歐洲——因為相較之下，採納新技術的公司可以大打折扣來供應貨品。許多這類競爭來自北美新經濟體的公司。第一次工業革命那段期間，北美才剛剛起步，比起歐洲來說更容易採用新技術，因為歐洲的老牌公司必須放棄他們的舊技術並投資於新技術，而這是一個具有高度破壞性的漫長過程。

經濟理論把這些調整過程說得一派輕鬆。新技術可以用遠低於舊技術的成本生產相同商品，譬如布料。布料價格下跌，變得更經濟實惠。為了幫布料商製造生產設備和維修機器，產生了新的工作機會。同時，布料價格較低，意味著每個人都比以前更有購買力，從而增加所有其他商品的支出。這種額外支出為整個經濟創造新的就業機會，結果是，因為導入新技術而失業的人，最後都可以在其他行業找到新工作。從歷史上來看，每一個這樣的創新，最終創造出來的工作機會都多過於它所摧毀的。

上面所說的是理論。在現實生活裡，適應新技術的過程曠日費時；因引進技術而失去工作的勞工必須削減支出，經濟因此放緩。通常來說，技術進步導致價格下跌被認為是好事一樁，因為它們提高了人們的負擔能力。可是一旦勞工失業的現象廣泛發生，支出急劇下降，價格和工資下滑可能普遍存在於整個經濟中——換句話說，通貨緊縮開始了。通貨緊縮加重了個人與企業未清償債務的負擔。當一家負債累累的公司對其產品所能收取的價格下跌，將使其難以履行償債義務；對背負房貸的個人來說也是如此：通貨緊縮期間，工資往往會下跌，但房貸還款額卻還是沒變。此外，一旦公司破產，或是家庭因為人們失業而付不出房貸，會使提供貸款給他們的銀行陷入倒閉風險。

換句話說，通貨緊縮與負債之間的交互作用進一步減緩消費支出，使經濟基本上長期處於疲軟狀態，造成經濟蕭條。在經濟裡，靠著其他行業的新成長，還有新技術相關的全新就業機會，使得消費支出遍地增加且人人都能找到自己在經濟裡的新位置，是需要花費很長的時間的。

一八七三至一八九六年間，世界經歷了我們現在所稱的維多利亞蕭條時期。我將在第七章論證，維多利亞時期的經濟蕭條是第一次工業革命所奠基而生的，其伴隨而來的股市繁榮與崩盤雖是這起事件的重要元素，但它們只是次要原因，並非主因。

第二次工業革命源於二十世紀初期開始的電氣化普及。電力的通用性催生許多其他技術進步的發展。我們這一代人很容易把一切的進步技術視為理所當然，因此在《唐頓莊園》（*Downton Abbey*）的各種劇情中，詳細地甚至有時是滑稽地描繪出人們對新技術的反應，會有助於我們對此的理解。唐頓莊園的廚師派特摩太太（Mrs. Patmore）和她的學徒黛西（Daisy）之間關於電冰箱和傳統冰箱的優劣之爭，就是一個很好的例子。

第一次世界大戰中斷了新技術所導致的經濟調整，因為正常的生產活動和勞動關係都退居二線，變得不重要了。比那場恐怖戰爭更致命的是西班牙流感全球大爆發。經濟學家警告說，另一次蕭條可能隨之而至，可是後戰爭、後疫情時期出現的卻是咆哮的二十年代（Roaring Twenties）。此期間，在生存救濟和快速工業創新兩相結合下，帶來了一股高漲的樂觀情緒和股市狂熱氣氛。

樂觀主義的背後是有實質內容在支撐的。對世界上的先進經濟體，尤其是美國而言，一個由汽車、電影和消費品構成的全新世界正在展開。股市狂飆，投資人借更多錢押注在繁榮的新局面，股票呈現拋物線上揚。所有這類股市泡沫最後都會因為缺乏新鮮氧氣而破滅，只要有一絲懷疑的氣息，便足以催化出逆轉的過程。一九二九年秋，倫敦和紐約的股市泡沫破滅後，全球經濟陷入十年的經濟大蕭條。經濟萎縮了好幾年，物價普遍下跌。幾十年的進步，最終似乎落得新失業者大排長龍領救濟金的下場。

事情如果發生在今天，央行和政府會祭出工具來穩定經濟，防止通貨緊縮普遍發生。該時雖然美國有一家央行——加拿大銀行成立於一九三五年——但人們對總體經濟形勢的瞭解貧乏之。一九三六年，凱因斯提出了經濟學家的第一份政策制定指南來對抗經濟蕭條。他主張政府透過借款大舉增加政府支出，以遏止經濟萎縮和物價下跌。在一九三〇年代後半段，此一建議得到一定程度的採納。可惜的是，當政府支出實質投入時，它的目的並非修復經濟大蕭條造成的損害，反而是為了獲取參加二次大戰所需的物資。凱因斯的思想在戰後成為主流，接下來三十年間得到廣泛實踐。

第三次工業革命是由電腦晶片所驅動的——電子技術聯手資訊科技（ＩＴ），實現了生產自動化和組裝及遠距物流配送的協調作業。新技術使企業得以強化供應鏈物流，促成更高程度的專業化，並讓生產鏈走向全球。從一九七〇年代中期開始到整個一九八〇年代，工人們直接被這些新技術所取代，這是因為出現了過去不曾夢想過的產品和服務，範圍從大量減少打字員的個人電腦，到大量減少公共電話亭的手機，到網際網路本身。

電腦帶動了工業自動化的重大進步，而電腦晶片也被應用在從汽車到恆溫器到冰箱的各類產品中。在這些發生的背後，ＩＴ服務——維修硬體、開發軟體和提供集中化服務——遍布各處。全球股市再次出現泡沫化，部分是基於這一波科技新浪潮所帶來的合理影響，部分則是出自濃厚的槓桿操作與純粹投機氣氛。

與前兩次工業革命不一樣，第三次工業革命並未牽連全球經濟陷入蕭條。但有別的事情在醞釀中。很多先進經濟體的勞工在一九九〇年代初期接觸到「失業型復甦」的現象，並於二〇〇〇年代初期又經歷了一次：有一些人感受到復甦，但並非人人雨露均霑。製造業的成長大多發生在亞洲和拉丁美洲的開發中國家，但日本是一個特例，因為它自從一九八九年股市及房市崩盤後，整個一九九〇年代大多數時候都表現出某種類似經濟蕭條的徵狀。

不過，這還是比全球經濟蕭條的情況好太多了。與之前的工業革命相比，第三次工業革命後的總體經濟成果比較好，我會認為是政府制定了更明智的政策之故。到了一九九〇年代，很多央行都在追求通膨目標。凱因斯在一九三〇年代提出的建言，為二次大戰後的相對經濟穩定做出貢獻，可是到了一九六〇年代後期，全球通膨成為一個問題，對他的理論也開始出現質疑的聲音。米爾頓・傅利曼（Milton Friedman）主張採用更簡單的貨幣政策框架：央行只需控制貨幣供給的增加，以便將通貨膨脹維持在低檔。

總體經濟理論的真正動盪發生在一九七〇年代，當時加爾布雷斯正在撰寫《不確定的年代》。此時期的理論，特別著重於以控制通膨作為總體經濟政策的制定基礎。在這個框架下，如果物價像過去觀察到的那樣，在工業革命期間出現跌勢，將自動被持續的寬鬆貨幣政策所抵消。這使得經濟可以在逐漸適應新的產能下成長，毋需跟過去的工業革命一樣經歷通膨緊縮。大家現在都很清楚，這項政策會帶來強烈的副作用，二〇〇八年就感受到了——槓桿率提高、房市崩盤，而且全球許多金融機構倒閉。全球金融危機之後，經濟大衰退隨之登場。

儘管如此，一九三〇年代經濟大蕭條的持續時間和嚴重程度不如維多利亞時期，而全世界對第三次工業革命的調適也表現得比較溫和。這個進展顯示貨幣和財政政策的效果變得愈來愈好，但儘管如此，在每一次工業革命裡發生變化的腳步正在加快，這顯示隨著下一次工業革命的展開，我們可能會面臨更大的風險。

第四次工業革命

充分瞭解過去三次工業革命是很重要的，因為我們發現自己正處於第四次工業革命的前期，這個被廣泛使用的詞彙是由世界經濟論壇（World Economic Forum，簡稱WEF）的克勞斯·施瓦布（Klaus Schwab）所創的。第四次工業革命與全球經濟數位化有關，它帶來機器學習、人工智慧與生物科技的重大進步，這一切皆有可能產生深遠的影響。個人在前三次工業革命時所面臨的同樣擔憂再次普遍出現，因為需要執行重複性任務的各式傳統職業，諸如製造、駕駛、操作農耕機具、理財顧問、客服中心和其他形式的顧客服務（如零售）等，都面臨被取代的風險。

在一九四二年出版的《資本主義、社會主義與民主》（*Capitalism, Socialism, and Democracy*）一書中，熊彼得（Joseph Schumpeter）將經濟的歷史貼切地描述為一種創造性破壞（creative destruction）的過程。科技創新創造經濟成長，可是它也摧毀了奠基於舊技術的關係、生活方式與資本投資。焦點若只放在與技術進步有關的失業問題上，會錯失大半的全貌。幾百年來的實際經驗都支持這樣的論點。

以農業機械化為例來看，加拿大在一八六七年立國之時，約有一半的人口從事農業，時至今日，這個比例不到二%，而農業的人均產出卻大幅增加。被迫離開農業產業的這四八%人口，在其他經濟產業找到能賺錢的工作。經濟體如今有超過五％的ＩＴ工作者，而且該行業的就業人口每年成長七％到八％。在第三次工業革命以前，這些工作都不存在。還要注意的是，儘管第三次工業革命導致工作的流失，但在COVID-19大流行爆發前夕，加拿大的失業率正處於過去四十年以來的最低點。

這個歷史經驗鼓舞人心，但仍留有一個可能性，那就是前三次工業革命的其他特徵——兩次經濟蕭條、各種金融危機、失業型復甦、經濟大衰退——將成為第四次工業革命的主要特色。我們可以預期，商品與服務價格將下跌，可能發生普遍的通貨緊縮，而勞工會失業，凡此種種都會在經濟調整的過程中，再次導致類似蕭條的徵狀出現。毫無疑問的是，這些壓力將蔓延到政治領域。

儘管如此，我們過去三次工業革命的經驗顯示，政策制定者正在不斷學習，甚至比起前次工業革命時更有能力應付第四次工業革命。

穩定的技術進步意味著每個先進經濟體都會沿著兩條軌道前進。在上層軌道，新技術正在部署而新的就業管道正在開啟，成長速度高於平均水準；在下層軌道，工作正在被摧毀。有些職業遭到淘汰，正是技術進步的本質。

經濟體和政策制定者面臨的挑戰是確保這兩條經濟軌道能重新匯合，而且速度要快，不要像過去的工業革命那樣延宕多年或甚至拖延好幾十年。假以時日，為某些人創造財富也讓其他人陷入窮困的同樣技術，便能使愈來愈多的人從下層軌道移動到上層軌道。整個現代歷史上一直都是如此。這是我們今天比第一次工業革命開始之時還要豐衣足食的緣故，因為所得上升和購買力擴大所創造出來的就業機會在整個經濟中遍地開花。

不過，對某些個人來說，適應新技術可能是一場災難。人們是會被拋在後頭的。第四次工業革命的破壞潛力說不定比前三次來的更大，因為它在範圍廣大的經濟領域裡，不但有能力增強人類的工作，更能完全取而代之。歷史上的每一次技術進步都會造成上層軌道與下層軌道之間的所得差距，使得我們面臨所得不平等加劇此一構造力的作用。

第四章 愈演愈烈的不平等

憶當年：底層視野

人類從自給自足型農業（subsistence farming）過渡到組織化經濟那一天開始，所得不平等便成為經濟學的一項課題。根據我的切身經驗，我可以肯定地說，底層人民對所得不平等的感受最明顯。我在奧沙瓦市長大，跟其他藍領家庭的孩子一起玩，尤其體會到社會並非只是單純地分成富人和窮人。有錢跟沒錢的程度有很多種，不是以白領和藍領家庭的差異就可以講清楚的。我父親是汽車業的熟練技工，但從沒能進入當地最大的雇主通用汽車公司（GM）工作。幫一家小型汽車零件供應商做事，表示他的收入比在通用汽車的同行少很多。藍領比比皆是，可是在奧沙瓦市，有些藍領比較富有。

事實上，在我家附近，GM通常代表「闊氣汽車」（Generous Motors）的意思。我們這些小孩跟GM小孩的差別很顯而易見：他們擁有不只一條牛仔褲，他們有牙科保險，而且他們有度假小屋。通用汽車的薪資標準是組成工會的勞工所推動出來的，長期下來，他們從公司爭取到驚人的所得水準。我的高中同學沒有幾個人有上大學的動力：在我攻讀經濟學博士學位的七年裡，一個GM組裝工人可以賺得高薪，在與通膨指數連動的確定給付制退休基金計畫裡累積十五個點數，並且成家、買房、生子。一九八一年那時，經濟學博士在加拿大銀行的起薪還不如一個通用汽車的組裝工人。

這套相對所得的敘事有一個解釋是，通用汽車在一九六〇和七〇年代的薪資政策代表的是今日所謂「利害關係人資本主義」（stakeholder capitalism）的一種早期形式。工會的出現最早是用來作為對抗所得不平等和惡劣職場慣例的武器，從這個角度來看，北美汽車業必然代表一個重大勝利。

不過，通用汽車的高薪也可說是強大的工會推動一家沒有什麼動力反擊的公司所造成的結果。自滿，或經濟學家所稱的「道德風險」很容易在大公司裡滋長，只因它的規模也許讓它相信自己大到不會倒。這樣的公司放心地以為如果遇到麻煩，政府會出手幫忙，所以可能只會順應勞工工會的要求，避免罷工造成的財務後果。到頭來，責怪工會或管理階層並無必要，重要的是結果。

二〇〇八年的證據顯示，GM為了讓勞工滿意而做得太超過了，那時的汽車銷量在全球金融危機過後暴跌，使得一些大型汽車公司瀕臨破產邊緣。正逢經濟信心已然脆弱的此刻，通用汽車被認為大到不能倒。在加拿大，聯邦政府和安大略政府籌劃一項紓困計畫，由官員組成的任務編組負責協議的設計與執行，其中也包括敝人我擔任加拿大出口發展局貸款小組的負責人。這對奧沙瓦來說是一頁令人深深失望的篇章，而我對於參與決議並不怎麼感到自豪。

今天，即便奧沙瓦還留有一些汽車組裝廠和幾家零件供應商，但這座工業城已今非昔比。近期發展預示著未來幾年將出現適度的復興。經濟會調整，日子也會過下去。

不平等引發政治效應

在現實世界中，經濟與政治經常發生扞格。經濟對人民至關重要，而人民會投票。今天我們所謂的「經濟學」曾被稱為「政治經濟學」，是政治學的必要成分。經濟學與政治學分道揚鑣，始於經濟學家離開口述傳統，轉而使用數學工具來發展其研究邏輯。不過，近年來政治考量已經開始主導經濟前景的討論，而忽略政治考量的經濟學家將落入失準的風險。我最喜歡的一句話是：「只要一點點政治，就能打壞一鍋經濟預測的好粥。」

人們自然會問，今天的政治何以如此強而有力地干擾到經濟分析。我們這輩子泰半時間所享有的全球秩序是兩次世界大戰的產物，迄今為止，已為我們服務了大約七十五年。在此一全球秩序下，國際貿易始終被認為對生產力、經濟成長和提高生活水準而言是不可或缺的。政府專注於提供基礎設施、教育和醫療照護，採行政策來緩和經濟波動，並重新分配所得以保護弱勢族群。央行則主要負責提供低水準且可預測的通膨，以促進良好的經濟決策並協助緩和經濟波動。這不是一個完美的經濟秩序，但它已經發揮功用，甚至會與時俱進。

全球金融危機及隨後的經濟大衰退引發關於此一典範的嚴重質疑。造成另一次大蕭條的所有因素在二〇〇八年全都出現了。儘管避開蕭條是一次重大的政策勝利，但導致危機發生的先決條件竟然得以積累至此，這件事在許多人眼中是不容辯解的。此外，用來防止蕭條的手段留給世人一個普遍印象，亦即華爾街得到紓困，納稅人付出代價，然而仍然必須忍受經濟大衰退的後遺症。隨著經濟吃力地適應第三次工業革命的持續影響，全球金融危機最終以極為緩慢的步伐復甦，而且出現失業這項特徵。許多與蕭條有關的常見特徵陰魂不散：勞工普遍失業、整體經濟成長緩慢的雙軌經濟、所得不平等加劇。簡言之，人民的不滿情緒升高，產生政治上的後果。

根據聯合國的數據顯示，在過去這個世代裡，按國別所衡量的全球所得不平等已經有所下降。換句話說，國家之間的所得差距日漸縮小；可是對世界上超過七成的人口來說，國內的所得不平等卻是加重的。儘管發生這種情況的原因各國有別，但共同特徵都是技術進步、企業集中度提高、勞工議價能力削弱和全球化。儘管這些因素每個都可能受到其他因素影響，但普遍認為主要驅動力是技術進步。

一九九八年，知名的美國經濟學家阿諾德・哈伯格（Arnold Harberger）提出一個關於所得不平等的重要見解。他若有所思地說，技術主導的經濟成長通常被認為作用跟酵母一樣：它會隨著生長而到處擴散，所以每個人最後都能沾到一點。然而，技術主導的經濟成長其實更像蘑菇，東冒一朵，西長一朵，被那些處於有利位置的人摘下。結果，大多數人都被排除在這種成長之外。

科技與全球化助長所得分歧

在我們的時代，技術進步向來是經濟轉型或工作被取代的主要驅動力，經濟學家有不少研究支持此一觀點。藉由經濟轉型，我的意思是說企業需要適應新技術，就會解僱現有工人，並開出需要不同技能的新職缺。技術變革無時無刻不在，這是一個持續漸進的過程，既推動現代經濟的生產力成長，也會造成工作機會的不斷流失。然而，跟我們在前三次工業革命所經歷到的一樣，技術進步的週期性轉型浪潮引發痛苦不堪的調整，其中的利益起初主要流向資本家，而失業工人的生活則發生翻天覆地的變化。不難看出何以人們通常會抗拒技術變革。

儘管有大量的證據顯示，從歷史上來看，技術變革應為造成失業負起大部分責任，但更普遍的說法反而是將之歸咎於全球化。根本而言，全球化的效應看來與自動化的影響一模一樣：

企業必須適應國際競爭的力道，否則只能走向失敗一途。為了降低生產成本，他們裁掉國內工人，到工資較低的國家生產部分元件。因為外國的競爭而被裁員和因為引進新技術而被裁員，對勞工而言幾乎只有語義上的差別。一九九〇年代出現的全球化狂潮，伴隨著第三次工業革命而來，並也受其推波助瀾，因而使得這兩者更是難分難解。

值得指出的是，國際貿易正是**應該**這樣發揮作用的。就如同人們所常說的，這不是一種缺陷，而是一種特色。想想兩國之間沒有任何國際貿易的情況。不管效率有多麼低，所有東西都在國內生產；譬如每個國家都需要有自己的汽車工業，而本土飲食也將受限於可以在國內土壤種植的食物。

各國的情況不盡相同——他們擁有不同的自然資源，不同的勞動力等等。因此，只要我們允許國家之間有交易的可能性，各自便可專精於自己所擅長的領域，並且相互進行貿易，以滿足各國消費者的購物期望。舉例來說，某個國家可能專門製造汽車，因為他們握有所有必要的原物料，而另一個國家則因為擁有得天獨厚的土壤和氣候，所以專門生產葡萄酒，然後他們彼此便可以相互貿易。

開放貿易後，實際發生的情況是一家效率低下、成本高昂的本國公司會面臨被海外企業淘汰出局的風險。以兩個國家都生產汽車和葡萄酒為例，一旦開放貿易，其中一個國家的汽車工人會失去工作，而另一個國家的葡萄酒工人也會失去工作。這些丟了差事的本國勞工可能會失業一段時間才能找到新工作，結果造成所得不平等加劇。出於同樣理由，勝出的本國公司會成長茁壯。

理論上，被效率低的國內企業裁員的勞工，可以在不斷成長且有效率的本國公司找到工作，前提是他們的技能可以移轉。這在實際落實上可能沒有那麼容易，或不會發生在一夕之間。反之，現實中，效率低的本國公司會有好長一段時間試圖與境外生產商競爭，過程裡，該產業的國內工資受到擠壓，甚至政府可能會出手援助陷入困境的本國生產商。找到新的平衡是一個漫長、痛苦且混亂的過程。至於所得不平等，最後的結果取決於汽車工人和葡萄酒工人的相對工資而定。

貿易談判代表者的整個職涯都在逐個產業地辯論此一調整過程的複雜內涵，這是為什麼兩國之間的貿易談判曠日費時，甚至鮮少談成貿易協定的原因所在。達成協議後，企業有幾年時間進行調整。當所有的國家圍坐在世界貿易組織（World Trade Organization）的談判桌上，試圖就共同議題找到共通點時，想像一下其中的複雜性有多麼高。

這種解釋忽略了參與國際貿易最重要的好處：兩國的消費者都能以更低的價格買到商品。回到之前舉的兩個國家的例子，在允許貿易以前，兩國的消費者不管買什麼東西都很昂貴。即使是在國內經濟裡發展成為有效率的企業，但規模也就只有這麼大而已，若是他們可以拓展得更大，就能降低成本，從而降低給消費者的價格。而效率低下的公司則生產昂貴的產品。還有許多產品即便另一個國家有生產，但因為沒有貿易的關係，就是無法取得。

我們需要把這些價格效應納入考量，才能完整理解貿易自由化對人們的意義為何。一旦開始進行國際貿易，有效率的本國企業擴大規模，甚至因此變得更有效率，這層效果轉化為更低的價格提供給消費者。效率低的本國企業遭到淘汰，其產品被成功的境外公司生產的便宜進口商品所取代，後者因為貿易的關係有所成長，所以也變得更有效率。兩國的消費者看到所有商品的價格都下跌了，實際上這意味著他們突然變得比較有錢。不管買的是本國貨還是進口貨，因為成本降低，所以手頭上有剩餘的錢可以花在其他地方——各種東西都可以買得更多——這為兩國經濟裡的所有產業帶來了擴張與新工作。

貿易自由化為兩國企業製造了贏家與輸家，對他們的勞工和所得不平等有著明顯可見的影響。經濟學家說這叫做「替代效果」（substitution effect），其中的複雜性使得貿易談判費力難行，也引發反對貿易自由化的聲浪，以保護那些將因開放國際貿易而受到傷害的人。這種困境對受影響的個人而言儘管意義重大，但和貿易自由化所帶來的廣泛總體經濟效益相比，仍顯得微不足道。兩國的商品供應範圍擴大且購買力增加，構成了經濟學家所稱的「所得效果」（income effect）。令人感慨的是，這個效果鮮少出現在貿易談判或茶餘飯後的討論裡。即便所得效果是更重要的影響途徑，但它更難追蹤和證明是國際貿易所引起的。

舉個實例來說，讓我們回到兩國的例子，其中一國出口汽車，另一國出口葡萄酒。一旦兩個國家的汽車和葡萄酒變得比較便宜，消費者就有更高的購買力，把多出來的錢花在買房、修繕、外食、服裝和度假上——簡言之，什麼東西都可以多買一點。遺憾的是，很少有人接受「這些（住宅營造和維修、餐飲業等等行業所創造出來的）新工作，其實是汽車和葡萄酒的貿易增加所帶來的」這樣的觀點，但事實上確實是如此。這種創造就業的現象源自貿易誘發的購買力上升，但一般大眾對於貿易的辯論焦點，通常反而放在一國的汽車業和另一國的釀酒業裡失去工作的人身上。

貿易如何影響所得不平等？這是一個非常複雜的問題。被汽車業裁員的工人可能再也無法重回勞動力市場，在這種情況下，所得不平等明顯加劇。又或者該名失業汽車工人可能最後到住宅營建業當一名電工，收入說不定更好。即便如此，很少人會承認之所以會有那份電工工作的存在，是由於新國際貿易帶來的整體收入增加之故。事實上，抵制貿易且堅持每個國家都應該製造自己的汽車，就跟有人堅持我們應該自己種菜、剪頭髮和乾洗自己的衣服沒有兩樣。自己做這些事情，使我們沒有太多時間做我們專精的工作，也會局限我們創造經濟價值的能力。

人們通常不明白，他們今日享有的購買力水準乃有賴於國際貿易協定。大家理所當然地認為，就算採取貿易限制，減損了從國際貿易賺到的收入，這種繁榮的程度也會持續下去。一如以往，所有的注意力都放在替代效果上，相信貿易限制能幫助一家遇到困難的國內企業恢復榮景，然而到了最後，過往的所得效果隨之流失才是更重要的，但卻為人們所忽略了。

舉個具體的例子來說，對海外製造的家用電器課徵關稅，企圖藉此逼迫企業把生產移回國內，也許能創造或恢復一些國內就業機會。不過它也會提高該國每個家庭所支付的家電價格，從而降低人人的購買力，導致經濟裡許多其他行業的工作流失。

這些都是經過簡化的例子，現實世界則是極其複雜的。全球化使企業得以在各種品項的生產上增加專業化程度並降低成本，小至我們購買商品的最小零件也是如此，這直接提高了生產力和獲利能力。產品和零件在專業人士所在之處製造，透過國際貿易連結起來，這樣的架構被稱為全球供應鏈。

全球化往往被塑造成一個非此即彼的命題——一家公司要麼是在國內生產，要不然就是在國外生產。實際的情況遠比這複雜許多。某個特定產品由數個零件組成，其中一些零件很容易生產——它們基本上屬於大宗商品，因此也許有可能在國外的低工資經濟體裡更便宜地製造。既然這個產品如此簡單，不難達到適當的品質，便無必要在國內付出高工資生產同樣的東西。

產品的其他零組件則可能需要用到擁有高度技能的工人，操作專門的資本設備，因此由薪資較高的國內工人生產是更自然的事。每個零件的資本密集度也具有影響作用。如果某個零件是以機器製成，只用到少量工人，那麼無論在世上什麼地方操作，成本大致相同。強制要求將勞力密集製程移回工資較高的國內，只會逼得該公司選擇更高的資本密集度，如此一來，工人的生產力才能證明勞動成本提高具有合理性。換句話說，強迫採取此舉所創造出來的工作機會，將會低於大多數人的期望。

最佳的供應鏈配置是個有待解決的複雜問題，需要令必要的生產力與技能水準搭配上適當國家的適當工資才行。這種特殊性也會使任何供應鏈變得脆弱不堪。一個低工資國家如果在貿易上取得成功，生活水準提高，該國將往價值鏈的上游移動，不再是一個低工資國家。那麼，本國企業將尋找工資更低的經濟體，將其納入供應鏈的勞動密集環節中。這也可能導致他們發現，將部分供應鏈設置於海外的成本優勢已被侵蝕到足以令他們將該生產要素移回本土，這個過程便叫做回流（reshoring）。

供應鏈到底是怎麼運作的

想想一台智慧型手機，其元件組合複雜無比——其中有些元件比其他元件更容易製造。最複雜的是軟體。為簡單起見，假設其中某些元件用高中程度的工人就可以生產，有些需要大學學歷，還有少數元件需要更高的專業度。那麼，如果一家公司用薪水最高的工人來生產每一個零組件，就很奇怪了。相反地，該公司會到世界各地遍尋能生產出最好元件的公司，選擇能提供最佳的價格與品質組合的公司來執行該項工作，並且把每個元件都外包出去。正是產品的碎片化使得技能、工資與元件的精細搭配成為可能。這些供應方面的安排就緒，公司便能協調元件的供給，以使它們在適當時間抵達最終組裝地。這不是一個簡單的任務，譬如蘋果公司（Apple）的全球供應鏈便涵蓋四十餘國。

先進經濟體裡受過高中教育的工人，可能在製造低價值元件上競爭不過他人。這是因為隨著時間過去，社會壓力、最低工資法或其他限制使得他們的工資高於其他國家的高中畢業生。這些國內勞工看著一家成功的智慧型手機公司將許多工作外包到海外——這些工作在國內可以完成但成本會更高——故而抱怨連連。

離岸外包（offshoring）可能造成智慧型手機一支售價五百美元和一支一千美元的差異，而大大地影響了該公司可以賣出多少智慧型手機和可以創造出多少就業機會。事實上，該公司如果堅持使用本土工人來生產一支一千美元的智慧型手機，可能會有一家外國競爭公司來建立全球供應鏈，生產五百美元一支的智慧型手機，並把那間本土企業從市場上淘汰掉。一些消費者也許會被說服購買國貨，尤其是如果本國政府徵收關稅，使國外智慧型手機的價格漲到一千美元。即便如此，該本土企業以一千美元定價售出智慧型手機的銷量也將遠低於定價五百美元，因而限制了就業機會的創造。這也意味著國內消費者以一千美元購買智慧型手機，將短少五百美元可用於經濟體其他地方的消費。這就是強迫企業提高產品自製率的政策通常會適得其反，並導致經濟體其他行業工作流失的原因所在。

在這個全球化案例裡，許多高薪工作仍留在當地：管理、設計、工程、行銷、軟體開發，說不定最複雜的元件生產也是，因為這些需要用到高技能工人或特殊資本設備。這是一個好現象，因為它意味著即便該公司在海外創造了大量低薪工作，但產生的收入卻有最大比例流入當地經濟。那些高額收入主要用於本國經濟，支撐各行各業的工作機會。

儘管如此，這家成功企業帶來的最明顯影響可能是低技能的本國勞工失去的工作，被低薪的外國人給拿走了。這些工人被迫轉向經濟其他領域，想辦法從低成長軌道進入高成長軌道。如果施加於經濟之上的這股力量持久不衰——全球化肯定符合這一點，因為它已經活躍了三十多年——那麼受到擾亂的勞工會不斷流入經濟的低成長軌道，隨著他們試圖轉換到高成長軌道，勞動人口也會不斷地在市場上流動。總是有人因為無法轉型，最後留在低成長軌道，為求生存而從事各項低薪工作。因此即便有很多人真的轉型成功，進入經濟的上層軌道，在這個曠日費時的調整過程中，所得不平等非常有可能變得更嚴重。最顯而易見的證據都將指向是這家極為成功的本土企業造成更高的所得不平等，這是因為這家企業幾乎從來不曾因其對國內總收入、支出及就業創造的整體影響，而獲得正面的肯定。

然而，在攸關個人的時間跨度下，技術進步和全球化已經導致所得不平等加劇是毋庸置疑的。美國是擁有最多積極採用離岸外包的跨國企業的主要經濟體。根據經濟合作暨發展組織（Organisation for Economic Co-operation and Development，簡稱 OECD）發布的數據，美國也是先進的 OECD 國家中，所得不平等程度最高的國家之一。用來測量此一現象的方法是吉尼係數（Gini coefficient），它以零到一的量尺反映出偏離完全平等的程度，零表示所得分配完全平等，而一則表示分配完全不平等（理論上就是一人獨得所有的收入）。北歐國家在所得分配方面表現優異，領先全球，其吉尼係數平均約在〇．二六至〇．二八之間，而美國則略低於〇．四〇。土耳其、智利、墨西哥和南非的所得不平等比美國嚴重，吉尼係數遠高於〇．四〇，其中南非更是超過〇．六〇。美國的吉尼係數比北歐國家高出約四〇％，比德國、法國及加拿大高出約三〇％。英國的吉尼係數約比美國低一〇％，日本則比美國低一五％。在某個時間點上，所得分配的進步性不如其他國家是一回事，但若所得不平等的程度會隨著時間呈現上升趨勢，則又是另外一回事。美國的吉尼係數在過去十到十五年間已經上升了大約八％。

面對技術進步與全球化，政府的政策完全有能力避免所得不平等加劇，其中用到的原則就跟羅賓漢（Robin Hood）傳奇一樣古老。值得注意的是，儘管美國的吉尼係數在上升當中，但同一時期加拿大的吉尼係數已經下降約五％，此一觀察可以在一定程度上解釋兩國政治氛圍的不同。在主要經濟體中，加拿大的稅制是累進級距最高的國家。根據ＯＥＣＤ的報告，在加拿大，一個有兩個小孩的單薪家庭在計入各種稅收轉移支付後，平均工資的全額所得稅率只有二．四％。相比之下，這個數字在美國是一二．二％；即便高度主張平等主義的瑞典也有一七．八％；丹麥是二五．二％。在加拿大，消費稅退稅和家庭補助方案有效地為稅收體系底層的人民創造出負所得稅。這件事在過去十年發生明顯的變化，二〇一〇年加拿大的可比數字是八．一％，而美國則是一一．二％。換句話說，在加拿大，位於收入分布低端的人的淨所得條件已有顯著改善，美國則是略有惡化。

即使如此，無論身在何處，人們都會看到位於所得分配頂層的人，其收入有著驚人的成長，並且意識到自己的工資相較之下停滯不前。這一點在金融業表現得最明顯，也可能是美國和英國的所得分配最扭曲不均的原因所在。根據基本國際經濟模型，新近面對國外競爭的企業裡的低技能勞工，可能落得的下場就是薪資水準停滯或下跌。

另外一個檢視這個現象的方法，是去看看公司內部的所得水準發生什麼變化。回到一九六〇年代，在公司薪級制度裡，執行長（CEO）的收入為最低薪員工的十到十五倍是很常見的事。這個比例呈現穩步上升的趨勢，尤其是在股票選擇權成為高階領導者薪酬的一種風行形式之後。到一九八〇年代後期，此一比例已達四十倍，如今超過兩百倍。

政治使不穩定性升高

可以理解的是，這些永不休止的經濟力量在許多先進經濟體裡引發不滿情緒，這一定會引起政治人物的興趣。今天，社群媒體的放大效應使這些課題必然成為政治問題。「市場力量最後對每個人都有好處」這種經濟學家的典型回應，在直接受影響的人耳中聽來就像某種虛偽的宗教。加拿大前總理史蒂芬・哈珀（Stephen Harper）在他於二〇一八年出版的著作《此時此地》（*Right Here Right Now*）中寫道，這些緊張關係正顯現在「全球主義者」和「地方主義者」之間的政治極端對立上。這兩者口頭上的說法是「國際人」（anywhere）和「在地人」（somewheres）。在地人受技術與貿易的干擾最深，他們與自己的社區密切相連，所以無法像國際人那樣適應如此強力的變化。同樣地，傑夫・魯賓（Jeff Rubin）在他二〇二〇年出版的《我們成了消耗品：全球化海嘯中被吞噬的中產階級》（*The Expendables*）一書中，稱這些人是「消耗品」（expendables）。此處的重點不在於指責，而是要瞭解日益加劇的不平等非常有可能導致政治極化。確實，民主妥協的觀念似乎即將瀕臨滅絕。

重分配政策貧乏的國家最早表現出日益極化的政治和新興民粹主義，但全球似乎都在朝著這個方向轉變。這當然包括川普（Donald Trump）在二〇一六年當選美國總統，以及歐洲議會裡有愈來愈多民粹主義分子和反移民政黨，還有脫歐運動的興起，這裡僅試舉其中幾例。考量到這種種正在發揮作用的力量，更聚焦於國內和擺出更競爭敵對的國際姿態，無論是否帶來意想不到的後果，但至少是解釋得過去的。這種轉變的經濟基礎，肯定不會只是因為川普不再擔任總統就消失不見。這些構造力的重要性與日俱增，很有可能更加深化政治的兩極對立。

歐亞集團（Eurasia Group）的總裁伊恩・布雷默（Ian Bremmer）把這樣的未來稱為「G零世界」（G-zero world），在這個世界裡，全球領導力減弱，各國更關注自己的狹隘利益，國際關係也變得更加對立競爭。其中一個後果是像七大工業國（G7）和二十大工業國（G20）這類旨在對世界的未來作出明智決定的國際合作論壇，將失去他們的重要性。與此同時，隨著社交媒體會放大某些聲音，創造同溫層，造成政治對立極化，國內也愈來愈難達成政治共識。好的政策可能會變得極難制定與執行，尤其是那些能促進經濟成長，但短期內會對某些個體造成負面影響的結構性改革。

全球走向民族主義政策的趨勢，可能會逆轉過去全球化所帶來的好處。貿易限制將直接削弱已經創造大幅生產力成長的生產專業化。在一個人口成長率固定且有著貿易限制的世界裡，經濟成長將進一步放緩。去全球化所造成的損失不會一體適用：最仰賴貿易與供應鏈的經濟體將受創最深，相對封閉的經濟體（尤其是大型經濟體）可能不會受到那麼大的影響。

對高度脆弱的經濟體而言，去全球化將意味著生產力的直接流失和國民所得水準的下降。經濟體許多地方些許的無效率，最後會累積起來，導致整體趨勢經濟成長走緩。去全球化就像是在對著我們的經濟機器扔沙子。同樣的效果也會出現在較大、較不依賴貿易的經濟體中，不過由於這些純本土經濟的規模龐大許多，所以可能受到的影響不那麼顯著。過渡到經濟成長率較低的狀態，必然會令企業解散全球供應鏈並加以重建，毀棄既有資本存量，並打造新的資本存量，只是取得的成果不若以往。我們可能會經歷一段破壞性調整與經濟成長放緩的冗長時期，然後才安適於一個全球所得水準較低、成長趨勢較慢的新狀態。換句話說，我們看到的恐怕不是創造性的破壞，而是不具創造性的破壞。

不過，受去全球化影響最深的將是消費者。透過貿易，消費者可以體驗到更多的產品選擇和更低的物價，使他們的實質購買力有所提升。國際貿易所帶來的好處有絕大部分是經由這個管道實現的。以貿易限制或課徵關稅所遂行的去全球化正好適得其反，導致消費者的購買力大幅降低。關稅對國內消費者的影響最為直接，付出代價的總是他們，只是消費者很難察覺到此事。因為這個緣故，反貿易的政客往往看起來很有說服力，因為他們聲稱可以挽救本國就業，但總是絕口不提每個人都會面臨更高的物價水準。

持續惡化的所得不平等主要是由技術進步所驅動，並受到全球化的推波助瀾，它已經根深蒂固於我們的經濟體系之中。因為這個趨勢而自然出現政治兩極化的現象，令人們難以就如何解決問題達成共識。COVID-19疫情爆發，使得這種構造力造成的問題更顯急迫性。

在漫長的歷史長河中，所得不平等曾出現過幾次大幅上下變化。在過去，所得不平等的高峰會伴隨著經濟蕭條而來，這種情況為降低所得不平等創造了條件，不管是雇主的自發行為，或是被政府政策或工會力量壯大所迫。這類轉折點就是構造力發揮作用而會引發的那種經濟和金融不穩定的例子。如今，隨著解決所得不平等的政治壓力加劇，這個世界可能已經接近這樣一個反曲點。即便如此，這個課題將難以達成共識，而試圖改善所得分配的折衷政策，也將冒著降低國民總所得的風險。此外，重要的是我們要瞭解到，即便政客迅速採取行動降低所得不平等的程度，隨著第四次工業革命的展開，所得不平等也將在未來幾年重回惡化的趨勢。

債台高築向來與所得不平等加劇的現象焦孟不離，這也是我們現在要轉而談論的第四個構造力。

第五章

愈築愈高的債台

憶當年：謙卑的開始

我在學校裡的表現很好，成績優異，也獲得學術成就獎。我還算聰明，不管我缺乏什麼才華，透過努力便能彌補，而我缺乏的才華可是不少。當然，我在運動方面的成績乏善可陳，只會玩一點足球和老是犯錯的壘球。我的父母特別嚴格提醒我在學業上的不足，若我表現良好，他們也會小心謹慎地不對我讚美過頭。換句話說，追求卓越和保持謙虛都是他們想要我積極培養的態度。

努力工作對我來說是天生自然的事，因為我渴望獲得比我們家過去更好的生活水準。我是個書呆子，甚至看上去就是那個樣子。直到一九六九年，我才被允許換掉大兵頭的髮型，那幾年我在社交方面過得相當辛苦，因為我所有的朋友都已經開始留長頭髮了。我對社會的看法是父母形塑出來的，而他們把我們的家庭醫生和牙醫排在經濟金字塔的頂端。我推測，只要你夠聰明、夠努力，求學的時間夠久，就可以成為一名醫生或牙醫，賺到可觀的收入——甚至足以讓你住到奧沙瓦市的最北邊。

我是我父母家族裡第一個上大學的人，靠的是皇后大學（Queen's University）的獎學金和高中時打三份工賺的收入。放學後和星期六，我在我叔叔的游泳池公司工作、到工地打工，也在奧沙瓦購物中心（Oshawa Centre）的伊頓百貨（Eaton's）唱片部門（就是今天所謂的黑膠唱片）當銷售員。此外我星期六晚上還有自己的DJ生意，到婚宴、冰壺比賽和其他聚會上打碟。我這門生意從十五歲一直做到在皇后大學念本科期間，幾乎每個週末都會從金士頓（Kingston）開車到奧沙瓦，在星期六的晚上打碟。

我在一九七四年進入皇后大學就讀時，一心一意想要成為一名醫生。第一步就是至少念兩年的生命科學系，它的修課計畫訂得很清楚，第一年要修生物學、化學、物理和數學，然後只剩一個空缺可以選修你想要的任何科目。我對於該選什麼科目毫無頭緒，因為我只有一條路想走。我考慮過再選一門數學課，不過我進大學的第一個星期，有人建議我試試看經濟學，去玩玩看。

這恐怕是我收到過最好的建議。我愛上了經濟學。它能幫助我們理解世界的運作方式，並擘劃能讓人人豐衣足食的政策。想想看，你可以一舉讓每個人都過得更好，而不是像醫生那樣一次只能治療一個人。我學習到加拿大央銀所具備的功用後，馬上就被它吸引住了。我知道我想在央行工作，而且希望有朝一日我能掌管這家機構。沒有幾個孩子在這麼小的年紀就擁有如此明確的願景，而且在將近四十年後，看到願景實現。當然，這條路我走的不是那麼直接順遂。

不過，向來謹慎的我，在皇后大學的第二年還是選修申請醫學院所需的課程，只是把我的主修從生命科學改成了經濟學。過完那一年，我完全臣服於成為一名經濟學家的想法，而且從未去申請醫學院，這令我的父母大感失望，而且他們也如此公開表示。

我還愛上了一位年輕女孩——一九七一年在我十年級地理課的課堂裡，她就坐在我正前方的位子上。薇樂莉（Valerie）和我在一九七六年結婚，當時我在皇后大學攻讀本科，已完成一半的學業。薇樂莉在一家銀行從事客服工作，那份收入加上我幾乎每週六都去當ＤＪ、暑期工讀和獎學金，使我們在我皇后大學的剩下幾年和到西安大略大學（University of Western Ontario）念研究所期間，一直能保持收支平衡。

我念皇后大學四年級的時候，某天薇樂莉和我正在看電視劇《朱門恩怨》（*Dallas*），這時電話響了，是我的學士論文指導教授打來的。

「史蒂夫，我需要你馬上來唐諾高登中心（Donald Gordon Centre）這邊一趟。」他用迷人的英國腔大聲嚷嚷。

「怎麼了？」我回答，一隻眼睛還盯著螢幕上的小傑（J.R. Ewing）在施展詭計。

「有幾個加拿大央行的人來這邊參加一場會議。我跟他們提到了你的研究，證明央行裡有大部分的工作都是一堆垃圾，他們現在就想要跟你談一談。」

我非常吃驚。我的研究是關於人們存在銀行帳戶裡的金額的不規律性，這在當時對加拿大央行的政策是一個很重要的指標，但我絕對沒有證明央行的研究員在製造「垃圾」。在我聽來，我的好教授可能稍微誇飾了一點。我正在思考這件事情，所以我想我可能沒有表現得很熱衷。

「你在猶豫什麼？穿上西裝就過來這裡！」

我穿上西裝，打好領帶，動身前往會議地點，在那裡結識幾位來自央行的人。其中一位因為聲名在外，所以我認得：他就是據說我曾經證明其工作都是垃圾的研究員，我馬上試圖修正我給人的這種印象。他們讓我坐下，盤問了我半小時，然後說會再跟我聯絡。接下來的星期一，我拿到一份千載難逢的暑期工讀機會：和一位優秀導師共事的美妙學習體驗。暑假結束時，他們保證我研究所畢業後，可以在央行得到一份工作。我與加拿大央行從此結下一生的緣分。

當時，央行非常專注於控制高通貨膨脹率。今天，維持低通膨仍然是大多數央行的政策重心。釘住通膨目標意味著因應經濟的重大波動而調整利率，它們有一個好的附帶效果是同樣的利率調整也有助於降低經濟成長和就業的波動，不過還有一個無心造成的副作用存在：它們會導致債務水準升高。

節節升高的債務

債務累積已經成為我們這個時代最熱門的總體經濟學話題。各種債務不斷創新紀錄，引發人們諸多「終將自食惡果」的煩惱。大多數觀察家將債務增加歸咎於低利率，這是換個說法來指責央行。但正如第二章所解釋的，這是一種誤解。

讓我們從家庭債務開始說起，最常被用來衡量負債程度的指標是債務對可支配淨所得的比率。它雖然是個方便的衡量方式，可以用來表示整個經濟的平均債務水準，但遠遠無法呈現出完整的樣貌。以加拿大為例，這個比率過去二十年來不斷增加，從二〇〇〇年的一一七％上升到大約一八〇％，這意味著普通家庭欠下的債務是他們實拿工資的將近兩倍。由於約有半數家庭完全沒有欠債，所以這個比率對有負債的家庭而言是更高的。此外，因為該數字是一個平均值，所以有些家庭的負債比率遠遠高於此數，尤其是在房地產價格特別高漲的城市，譬如溫哥華或多倫多。

如OECD的報告所指出的，這種債務升高的現象並非加拿大所獨有。澳洲已經增加到超過二〇〇％，英國則是超過一四〇％，法國、義大利、瑞典等國家也出現大幅攀升。不過，也有重要的例外情況出現。美國的家庭負債比率與二十年前大致相當，二〇〇〇年代初期從一〇四％增加到一四四％，然後在全球金融危機過後出現大幅逆轉，降到大約一〇五％。這種逆轉經常被認為可能是對負債累累的國家的一種警告，譬如加拿大和澳洲。德國的債務比率在二〇〇〇年代維持穩定，接著在二〇一〇至二〇二〇年間呈現下滑趨勢。很顯然地，債務水準的變化軌跡取決於各國金融體系的週期經驗，而當地房市狀況也扮演重要的角色。

值得注意的是，所有這些所謂重債國家的家庭資產淨額都遠超過可支配所得的四〇〇%，有不少還超過五〇〇%。這個線索顯示，使用該指標是在把不同的東西混為一談。我們可以冒著過度簡化的風險，說房價高的國家，其家庭負債水準也高；由於家庭既擁有房屋也負擔房貸，在計算淨值的數據時，這些往往會被相互抵消掉。

即使如此，人們終其一生仍受到家庭債務的持續糾纏。根據加拿大統計局（Statistics Canada）的最新數據，六十五歲以上的加拿大人只有大約五七%是無債一身輕，而十年前，這個比率超過七〇%。

汽車融資對債台高築也起了重大的推波助瀾作用。在加拿大，汽車貸款的期限已經變得很長，七年是很常見的還款期限。由於還款額是固定的，而車子從經銷商處開回家裡就馬上貶值了，這表示車子的價值會有很長一段時間低於未償還的貸款金額。很多人試圖在貸款結束前以舊車換新車，而且會被鼓勵將欠款餘額轉入下一筆貸款中。過去二十年來，全部車輛的平均貸款成數（loan-to-value ratio）已經從大約一三%上升到三三%，而背負車貸的家庭占比也從大約二〇%升高到超過三〇%。

關於公司債務也存在類似的憂慮，其常見衡量方式如OECD所報告的，是未償還債務與年度利潤的比率。加拿大在這個指標上也脫穎而出，過去幾年的比率超過八。美國的比率更高。日本和法國的比率大約是六，英國約為五，而大多數OECD國家的比率在四左右。整體來說，企業債務的增加低於家庭債務的增加。

政策助長債務提高

儘管一般觀察者可能會心存懷疑，但有確鑿的實際經驗證據顯示，過去五十多年來，總體經濟穩定政策的效果已在不斷地進步中。當然，央行鎖定通膨目標的做法具有穩定經濟的價值，這一點是毋庸置疑的。隨著通貨膨脹變得更低且更可預測，就業、失業與國民所得水準的波動也變得更小了。

然而，很難想像如果沒有這些有效的貨幣和財政政策，會發生什麼事情。經濟學家使用模型來分解實際結果，以顯示沒有政策的情況是什麼，這是他們衡量行動方案有效性的做法。實現通膨目標的意思，就是要去預測經濟成長和失業的波動帶給通貨膨脹的未來壓力，然後調整利率以減緩這些影響。這就像是操控船的方向往左偏個幾度，以抵消波浪把船推往右邊的力道。央行在試圖維持通貨膨脹穩定的同時，也協助穩定經濟成長和就業。經濟的成長和就業仍會經歷大幅波動，不過事實證明，其波動的程度**可能會**比沒有享受到通膨目標框架的好處時來得更小。

不過，不是所有的附帶效果都這麼有益健康。經濟體經歷嚴重衰退的次數比過去少，就會錯過與經濟不景氣有關的「淨化」效果。正是在景氣低迷之時，體質脆弱的公司才會倒閉，債務遭到銀行勾銷，如此通常能降低整體經濟的債務水準。等到經濟取得復甦的動能，便會有負債相對較少的新公司取而代之。人們普遍認為，不景氣的淨化作用有助於提振平均生產力成長率，這是因為新公司更有可能使用最新的技術，他們的效率也比老公司好。避開這些經濟衰退或至少減輕其嚴重性，會增加脆弱、生產力差的「殭屍」企業，從而降低整個經濟的趨勢生產力。

它也意味著經濟體的負債會隨著時間而愈來愈高。當經濟走緩，央行會降低利率，誘使家戶和企業在較低的利率下提高借貸額，以便增加支出。因為採取這些政策行動的關係，失業上升的幅度將會減少並終於得以逆轉。那些把隨之而來的債務增加怪罪到央行身上的人，似乎從來不曾理解，若不實施穩定政策的話會發生什麼狀況：如果沒有令負債增加的低利率，失業率原本會來得更高也更持久，每個人的處境也都將因此變得更糟。

這一切都是要表明，債務對經濟運作至關重要。唯有透過借貸，家庭、企業與政府才能長期運作下去。想想另外一種選擇。讓一對夫妻存二十五年的錢，等到孩子正要準備離家時才去買房子，而不是在他們確實有需要時便貸款買房，顯然是不可取的做法。同樣的道理，一家公司若想擴大規模，以滿足對其產品日益增加的需求，卻等到累積足夠的保留盈餘才進行，將會令公司錯失成長機會，也會無法增聘新的員工。對於使用借入資金的政府而言，建設基礎設施是在為社會創造一種可以帶來回報的資產，同時也能促進民間部門的成長，並產生未來幾年的稅收。強迫政府永遠不能為了這樣的目的去借貸，是沒有什麼道理可言的。簡言之，債務存在不只是因為週期性的因素，也有著結構性的原因，而區分這兩者是非常困難的事。

經濟波動與貨幣及財政政策的交互作用，令有效的穩定政策出現第三個附帶效果，亦即會產生所謂的金融循環（financial cycle），這跟較為傳統的景氣循環是有區別的。金融循環描述的是在景氣循環的上升期間金融體系風險的累積，以及景氣下滑期間的風險修正。

儘管人們可能會預期經濟成長時的金融風險較低，而低迷時的風險較高，但表面之下其實是暗潮洶湧的。在放款人樂於放款的擴張時期，風險逐漸增加，而這種風險在不景氣的時候便會實際顯現出來。很多時候，等到發現風險，已經為時已晚。

強力干預的政策會令人們對風險視而不見。隨著時間過去，由於穩定政策發揮效果，既延長經濟擴張的期間，也導致愈來愈高的借貸規模，使得金融循環的時間拉長，波動幅度擴大。簡言之，良好政策所維繫的擴張期愈久，投資人、公司和家庭就會變得自滿而且甘冒愈高的風險。這可能使得清算之日來臨時的情況變得更為嚴峻。

此外，債台高築使得經濟體對利率上漲的反應更敏感。實際上，利率每增加一個百分點，會導致所需的償債支出有更大的增幅——債務存量也就愈龐大。經濟衰退事過境遷之後，因為央行擔心金融體系可能餘波盪漾，所以利率並不會總是回到過去的水準，因此利率可能永遠不會升高到足以清除系統中的不良債務和表現差的公司。根據一般的說法，經濟體基本上會對債務產生依賴性，而且會隨著時間過去而變得更加脆弱。

債務累積顯然在二〇〇八年的全球金融危機中扮演重要的角色。然而，時間快轉到二〇一九年，與家庭、企業和政府相關的全球債務總額幾乎翻了一倍，達到全球國民所得總額的三倍左右。這還是在 COVID-19 爆發以前，之後疫情使得全球的政府債務提高到約為全球所得的一〇〇％，比前一年高出近二〇％。

政府債務的永續性

儘管根本原因有別，但 COVID-19 疫情後的全球債務狀況與二戰結束時所見並無不同。從歷史上來看，政府債務急劇上升向來與戰爭有關。第一次世界大戰期間，先進經濟體的負債從大約為國民所得總額的三〇％暴增到超過八〇％。在咆哮的二十年代期間，負債普遍下滑，但接著在經濟大蕭條時又再次上升。第二次世界大戰使先進經濟體的負債超出國民所得的一二

○%以上，不過這種債務積壓（debt overhang）到了下一個世代便急速萎縮，在一九七○年代中期跌至約三○%的低點。

接下來四十年，政府債務持續增加，如先前所討論的，這是因為在衰退期間，實施了減稅和以借款融通特別政府支出等財政政策來穩定經濟的關係。

在美國，總統對政府赤字的理念也發揮推波助瀾的作用。雷根（Ronald Reagan）執政期間（一九八一至一九八九年）可見美國政府負債從國民所得的三○%左右增加到五○%；布希（George H. W. Bush）政府（一九八九至一九九三年）把負債比率提高到超過六○%；柯林頓（Bill Clinton）執政時（一九九三至二○○一年），負債比率降到六○%以下；小布希（George W. Bush）執政期間（二○○一至二○○九年）首次把負債比率提高到超過八○%。歐巴馬（Barack Obama）在全球金融危機期間接任總統，執政時期（二○○九至二○一七年）的負債比率上升至一○○%左右。川普的總統任期（二○一七年二○二一年）適逢COVID-19疫情到來，也見到歷史上和平時期政府支出的最大幅增加。拜登（Joe Biden）總統續行這些政策，把美國的負債比率提高到超過一○○%。

先進經濟體的負債比率整體而言追隨美國向上攀升的腳步，從一九七○年代中期的三○%左右，在千禧年之際達到七五%至八○%之間，經濟大衰退期間衝高到超過一○○%，接著在COVID-19疫情爆發期間又增加二十個百分點。加拿大的政府負債比平均情況來得好，包括省級債務在內，負債比率在一九九〇年代中期達到高峰，約為一〇〇%，COVID-19疫情爆發前夕下降至七〇%左右，然後在疫情期間又回升到超過一〇〇%。

在過去，也曾應付過政府債務水準高達國民所得二〇〇%的情況——譬如十九世紀初和一九四〇年代的英國，以及今天的日本和中國——但是，今天的債務水準會帶給未來什麼樣的風險呢？處理債務負擔的方式不只一種，其中有些方法潛藏的凶險更勝過其他。如前所述，一旦考慮到其他影響經濟的長期力量，這樣的分析尤其重要。

我喜歡問問其他嬰兒潮世代的人，是否記得自己是在一九五〇和六〇年代時父母背負著二戰巨額債務重擔下長大的，但幾乎找不到什麼人記得餐桌上聊過那樣的話題。儘管二戰後個人的稅負增加了，但政府負債比率是下降的，這主要是因為經濟成長強勁的關係。確實，一九五〇和六〇年代的經濟成長率比我們在未來十年左右可能看到的還要高出許多，但壓低未來經濟成長率的同一股人口統計力量，也會使得自然利率保持在低位，令政府更容易償還債務。

從技術層面來看，維持政府債務永續性的總體經濟條件相當簡單。只要政府因未償還債務所須支付的利率低於經濟成長率，那麼負債對所得的占比將隨著時間而縮小。即使政府從未真正償還債務本金，而只有支付利息，情況也是如此：不斷成長的經濟將使得債務比率與時俱跌。我們可以從實質條件（實質利率需要低於實質經濟成長率）或從名目條件（名目利率需要低於計入通膨的名目成長率）來看這一點。

如先前討論過的，在經濟成長率與自然利率逐漸趨同的情況下，全球人口老化將對這兩者產生抑制作用。然而，個別政府現在有能力把他們的債務鎖定在低利率上，同時採行能促進未來長期經濟成長的政策。只要這些利率低於經濟成長率，相對於經濟規模的債務負擔將逐漸下降，從而達到永續性的要求。想要實現這個目標，有很多做法可以選擇，在第十二章會詳細闡述。比起順其自然，讓政府的負債比率以更快的速度下降可能是比較好的選擇，如此才能恢復財政火力，以應對未來的危機，不過這是一個政治問題了。

債台高築無可避免，這是人口老化、實質利率下跌、金融創新和總體經濟政策的產物。無論債務是家庭、公司或政府所創造出來的，它一直是經濟進步的重要推手。若是我們想像一下：負債若能像一九五〇年代那般受到抑制，我們現在會是什麼樣子，那麼我們恐怕不會喜歡所看到的結果。幾乎所有衡量經濟表現的指標，無論是個體的還是總體的，都會遠遠落後於社會實際的進步水準。

這不能改變一個事實，那就是債務累積使得家庭、公司和政府愈來愈容易受到未來經濟動盪的影響。當債務負擔很重的時候，任何經濟衝擊的後果都會被放大，而且可能演變成一場災難。對家庭來說，只要負債夠高，暫時失去工作便可能會造成財務崩潰；對一家公司來說，經濟衰退可能會與過度負債相互作用，導致破產，永遠摧毀了該公司的所有工作機會。一旦個人或企業遭到清算，他們的債務也會隨之消滅，這表示他們的金融機構同樣蒙受重大損失。政府也沒有無限的借款能力，他們必須提出可靠的財政規劃或面對投資人的嚴厲評判，後者會賣掉公債，迫使利率上揚，並引發審判日（day of reckoning）的到來。

因債台高築而愈來愈難抵擋未來的經濟動盪是一回事；負債持續上升的構造力與其他構造力相撞又是另一回事，這件事的後果可能會帶給全球經濟更為深遠的影響。與技術進步的交互作用便是其一，從歷史上來看，新技術的效益廣為流傳，已經導致物價下跌。物價下跌使得現有的債務更顯龐大。另外一個重要的交互作用發生在債台高築和氣候變遷之間，因為天氣不穩定正在帶給已經負債累累的政府愈來愈龐大的財政負擔。

第六章
氣候變遷

憶當年：小時候的天氣

當我還是個成長於奧沙瓦市的小伙子時，手上別的不多，工作倒是不少，幫人除草、剷雪和照顧小孩對我來說都是大生意。我可以證明，一九六〇年代那時每年冬天都會下大雪。那個時候，法律規定屋主有責任在早上八點前把屋前人行道的雪鏟乾淨。有些日子裡，這可是個艱巨的任務，我會這麼說並不是因為我個子小的關係。

我祖父告訴我，四、五十年前，他在我這個年紀的時候，奧沙瓦市的雪更多。如果他說的是真的，那麼雪深經常及於電線桿的頂端，而他還是得走路上下學，來回都是上坡。我祖父肯定很愛誇大其辭，不過以我的個人經驗來看，我敢說現在奧沙瓦市的雪比我小時候還要少。

事實是，五大湖逐漸變暖，而且冬季時覆蓋的冰層較少，表示冬天的天氣變得比較溫和了，儘管因為湖泊效應變幻莫測，因而偶爾還是會出現大暴風雪。

這些個人反思所要凸顯的是，抵制氣候變遷的科學違背了過去半個世紀的共同經驗。當然，全球暖化趨勢的存在其實並無爭議；如史蒂文・庫寧（Steven Koonin）在他最新著作《暖化尚無定論：氣候科學告訴或沒告訴我們的事，為什麼這很重要？》（*Unsettled*）中所申論的，對某些人來說，問題在於暖化趨勢是否是人類行為所造成的，或者這是本來就在發生的事情。無論如何，全球氣溫並非漸漸地升高，而是急劇升溫，而且與地球工業化的腳步高度相關；人們逐漸形成共識，認為必須立即改變行為，才能避免最糟糕的預測情境發生。股東、員工、顧客和政府全都是基於這個理念採取行動。朝著低碳經濟轉型的時刻即將來臨。

碳排放和外部性

有愈來愈多的人一致同意，溫室氣體（greenhouse gas，簡稱ＧＨＧ）排放所累積的總量持續增加，意味著反覆多變的天氣、洪水和某些群落遭到破壞的情況愈來愈多，飲用水也會愈來愈短缺。即便我們現在就改變做法，這個效應也將持續很長一段時間，因為調整大氣層的軌跡將有如轉動一艘航空母艦。而事實上，是更困難也更緩慢的。改變全球文明過去兩百五十年以來慣有的走向，將是人類史上一場前所未有的壯舉。

想要減少排放量，就要找到方法改變幾十億人的行為。碳氫化合物（hydrocarbon）是一種關鍵能源來源，而經濟發展最重要的共通因素就是能源使用。提高生活水準，表示能源需求也會提高，而碳氫化合物仍是迄今為止世界上最重要的能源。溫室氣體排放是經濟進步的副產品，我們要怎麼做才不會顧此失彼？

簡短的答案是使用不會產生溫室氣體排放的替代能源。太陽能、風能、地熱能、潮汐能、水力發電和核能都是我們現成可用的技術，它們也全都比現在以碳氫化合物為基礎的能源更昂貴，不過規模與新技術的應用正在使得其中的成本差距逐漸縮小。即便如此，我們現有的大部分技術都是以相對便宜的碳氫化合物為基礎所發展出來的。減緩然後遏止溫室氣體排放的成長，看來對經濟極具破壞性。

從經濟學而非物理學的角度，比較容易解釋為什麼碳氫化合物能源比其他形式的能源更便宜：有史以來，排放溫室氣體一直都是不用付費的。也就是說，地球承受日益累積的高昂環境成本，可是排放溫室氣體的人幾乎從來不曾被要求付出代價。今天，當你買一台新電視，你會被收取一筆小額回收費，這有助於支付電視壽命結束後的處理成本，如此一來，塑料、電線和其他材料才能被重複使用，而不是進了掩埋場。你的汽車燃燒掉一箱汽油或工廠燃燒掉一噸煤，就很少被徵收這樣的回收費。事實上，我們全都在把有毒廢氣直接排放到大氣中。

經濟學家把這種缺口稱為「市場失靈」（market failure）或「共有資源的悲劇」（tragedy of the commons）。多數時候，人們乃出於自身的私利而行動。他們的行為有時會產生副作用，帶給其他人或整個社會負面的影響。如果市場未能對個人行為收取附加費用，以某種方式迫使人們為這些副作用去補償他人，那麼這個人實際上是免費得到某些東西。不管任何時候，只要你不必完全付清代價便能累積財富，那麼你很可能不會罷手。不出所料，市場失靈的副作用往往會在破壞生態之下有所增加。有時候，政府可以強制實行規則來控制局面，減少副作用的產生。

舉個簡單的例子，有位鄰居在自家車庫開了一間小吃店。他們豎起一塊大招牌，歡迎大家路過來吃個快餐，譬如肉汁奶酪薯條（poutine）和冷飲。沒多久，附近就滿是停放的車輛和炸馬鈴薯的氣味。周邊住家的房價下跌，但這位開小吃店的鄰居倒是生意蒸蒸日上，荷包滿滿。因此，財富就從周圍的人移轉到這位鄰居身上。

這是實際發生在我身上的經歷。那時，我們在渥太華郊區買下我們的第一個家，後院毗鄰著一條未經鋪設的次要道路。路對面的田野上有牛，好一幅宜人的清晨風光，即便現在牛隻被指責為是製造溫室氣體的來源。路到了我家後面有個小轉彎，一個彎道，在那個點上，碎石子路肩變得特別寬敞。一個星期六早上，我從臥室窗戶向外看，看到了一台快餐車進駐該地，配備可以炸薯條的廚房。很快地，空氣中便瀰漫著炸薯條的氣味，車子也會停下來去吃喝一番。愛吃肉汁奶酪薯條的人經過時都很喜歡那股氣味，但是整個週末都是這樣的味道時？

經濟學家把這則故事裡的副作用稱為「外部性」（externality）：沒有被市場價格所反映或

「內部化」（internalized）的不良後果。如果市場有反映的話，開小吃店的鄰居（或快餐車的老板）就會補償鄰居房屋市場價值遭受的損失，肉汁奶酪薯條的價格也必須調升。很有可能的情況是因為炸薯條太貴了，所以不會有人光顧小吃店。市場機制就是用這樣的方式來避免經濟活動的影響波及無辜的旁觀者。顯然，這會是個有待發展的複雜市場體系。政府可能可以這樣做，對肉汁奶酪薯條生意課徵充足的稅金，並將這筆資金移轉給受到影響的鄰居。一個比較簡單的替代方案是該城市制定一項規定，禁止住宅區的居民在自家或屋後的馬路上做生意。這是一個解決外部性問題更典型的非市場方法。

現在，來看看這套論據如何應用在溫室氣體排放和氣候變遷上。人們開車並燃燒汽油，將碳基氣體釋放到大氣中。沒有人擁有大氣，它是一種共有資源，事實上屬於整個社會，尤其全球氣流的關係，大氣層可以說是由全球公民所擁有，而不僅僅屬於當地居民。隨著時間過去，不管是經由植物或是動物吃下植物所釋放到大氣層的碳，超過了地球吸收的能力。釋放出來的碳逐漸累積，地球的大氣層吸收愈來愈多來自太陽的熱量，地球就變暖了。

從概念上來看，溫室氣體排放和惡鄰居的小吃店造成炸薯條油煙味及交通問題沒有什麼兩樣。由於沒有人必須為了釋放排放物而付費，溫室氣體就像油炸廢氣一樣累積在大氣中。既然大氣層屬於遍布全球各地的約八十億人口所共有，他們到底要怎樣集合起來，強迫溫室氣體的排放者付出代價？這是一個市場無法找到平衡結果的典型失靈，或者「共有資源的悲劇」——

當很多人共享一種公共資源又不必為其付出代價時，總是會發生這樣的情況。

這樣描述造成氣候變遷的驅動因素是大幅地過度簡化了。氣候變遷不僅是眼下的問題，更有著深遠的時間向度。誠如馬克・卡尼（Mark Carney）在他二〇二一年的《價值的選擇：以人性面對全球危機，G7央行總裁寫給二十一世紀公民的價值行動準則》〔*Value(s)*〕一書中所解釋的，真正的悲劇，在於氣候變遷的災難性效應遠遠不是今天活著的人在可見時間範圍內感受得到的。這會大幅降低當代人解決此一問題的誘因，如果這麼做的好處永遠看不到，誰又想要承擔代價呢？套句卡尼的話：「氣候變遷是『期程的悲劇』（tragedy of the horizon）。」而非只是共有資源的悲劇。

排放標準、碳稅和投資人行動主義

就跟對待炸薯條的鄰居一樣，鼓勵人們把自身行為導致的溫室氣體不良副作用考慮進來，明確的做法就是對他們製造的排放量收費。就溫室氣體而言，這件事情實行起來非常簡單。既然每一個燃燒化石燃料的人，都必須先去購買燃料，我們只需在價格上增加一筆旨在反映溫室氣體副作用的稅即可。人們的化石燃料用量會因此變少，而比較環保的替代方案也會相對較便宜。駕駛人會發現升級成電動車是更合理的選擇，而搭乘大眾交通工具似乎也不貴等等。提高化石燃料的成本會降低需求，隨著化石燃料的用量減少，溫室氣體排放量就會變得較少。我們只需把價格提高到來自化石燃料的剩餘碳排放量可被地球吸收即可。

當然，即便簡單的經濟理論得到自然界的支持，往往也無法轉化成簡單的政治操作。政治週期從來只有短短幾年，社交媒體似乎讓它變得更短。期程的悲劇意味著如果任其發展，對後代子孫影響至巨的問題，很難在政治上找到一個解決方法。

不出意料，碳稅的實施一直窒礙難行。在加拿大，聯邦政府已經採取能提高民眾接受度的極端措施，資金還沒到位就提前把碳稅收入退還給社會大眾。這個巧妙的結構確保一般家庭不會因為碳稅而面臨可支配所得的減少，同時能維持化石燃料變得相對昂貴的事實不變，從而鼓勵人們做出轉換，並減少碳排放量。

儘管這個計畫設計得很精巧，仍然無法阻止該課題上演你死我活的政治戲碼。這項計畫甚至引發它對消費者行為是否能產生任何效果的懷疑論調——如果你在人們繳稅前就先退稅，他們為什麼就應該做出轉變呢？答案是消費者少用一點被課稅的汽油，就能省下更多錢。問題的真正核心在於化石燃料需求對價格小幅上漲的敏感度有多高。與此同時，碳稅對溫室氣體排放大戶可能會產生很大的影響。由於這類政策的目標是促進溫室氣體減量，而不是讓排放者永遠歇業，減少排放大戶的公司稅，讓他們有能力投資於減排技術，也可能是一個值得探索的有用途徑。

很多人會說，課徵碳稅然後希望消費者減少排放是搞錯重點。如果總排放量（而非個人排放量）沒有下降，地球將不會得到進一步的改善。即便碳稅使得每個人製造的排放量較少，但由於人口成長或開發中經濟體能源用量增加的關係，總排放量還是有可能繼續成長。或者也許人們會做出調整，可是速度不夠快。有些人主張直接制定法規來限制溫室氣體排放，為工業排放大戶制定新的排放量目標，未達目標便課以罰款；對汽機車也實施更嚴格的排放標準，不過也許不會極端到規定所有車輛都必須零排放（譬如電動車）。考慮到今天的油電混合車使用的化石燃料是標準內燃機的一半左右，如果所有的新車都是油電混合車，就能大幅減少排放量，同時又能維持大部分現行能源基礎設施的完整性。

實施排放法規比碳稅更複雜，因為每項法規都必須針對經濟的特定部分去制定。不過，它們可對溫室氣體排放責任方的成本提高造成間接影響，所以應該能導致類似於碳稅所設想的行為調整。循法規途徑的一個好處是它不會使公司營收有所減損，因此能極大化其財務能力，使之導入碳排放技術解決方案。相較之下，碳稅會令公司立即失去可用現金，進而降低進行減排投資的能力，另外也可能讓它的體質變得比較脆弱。

由於所有這類政策都是政治問題，即便全球目標一致，仍可能看到世界各地出現五花八門的結果。這些差距將形成一個重要的商業風險。我們可能需要一個邊境機制來調整貿易商品的價格，以便將碳足跡納入考量，在本國與外國生產商之間創造公平的碳競爭環境。如果外國生產商不用繳交碳稅，那麼對本土公司課稅就會令他們陷入競爭劣勢。邊境調整機制的運作將有如一個自動化的關稅，當外國生產商減少其碳足跡，關稅便會跟著下降。只要化石燃料的最終使用者支付溫室氣體排放的相關成本，經濟活動便能隨著時間穩定朝著降低碳用量的方向調整。

從理論上來看，無論是經由監管法規或課徵碳稅來實現低碳經濟轉型，差別都不大。即便如此，這樣的政策肯定都會引起政治上的爭議，而政治的兩極對立使得這類課題愈來愈難達成共識。不同國家之間要找到共同點尤其困難，故而可能導致全球經濟低碳轉型的進程比很多人所寄望的更慢。

還有另外一種調整行為的管道，在因應氣候變遷上被證實具有同樣強大的效力，這種手段沒有政府干預便正在發生中，那就是投資人管道。

投資人已經開始公開反對碳排放，並用他們的投資組合來表達此一意向。當投資人避開碳足跡很大的公司股票不買，而銀行和其他放款人也群起效尤以滿足他們的股東，碳足跡龐大的企業將發現自己愈來愈難籌措資金。假以時日，這些公司將需要付出更高的借款成本，這實際上就是經濟學家所謂的「風險溢酬」，俾以反映出他們加諸於環境的風險。不管是在債券市場、股票市場或是直接向銀行借款，都必須支付這種風險溢酬。隨著資金成本提高，溫室氣體排放大戶將發現有必要投資減碳技術來減少他們的碳足跡，否則他們將因為缺乏負擔得起的融資來源而被迫退出市場。

試想兩家屬於同一領域的公司，一家擁有廣泛深入的碳足跡減量計畫，另一家則沒有。第二家最後將付出比第一家更高的成本來取得營運資金；第一家則將有較高的營運成本（與溫室氣體減排有關的成本）和較低的融資成本。獲利能力的比較結果取決於公司的結構，但光憑著聲譽效果就能讓第一家公司得到明顯高出許多的股價。目前市場上已經可以觀察到這樣的運作機制。

有些人如此感嘆地認為，這種市場機制意味著資本市場將傳統溫室氣體排放企業「拒於門外」。這種說法並不正確。如果這些公司繼續產生過多的不良副作用，市場只是正在強迫他們付出更高的資本成本。導正這些副作用，並且以保持獲利能力的有效方式去做到的強烈誘因是存在的，策略包括部署碳捕捉技術，以及理論上把額外成本轉嫁給顧客——這實際上就變成了由公司而非政府來課徵碳稅的意思。

這一切理論上聽起來不錯，不過有些觀察家質疑這種機制實際導致碳排量降低的能力如何，就跟有些人不相信碳稅會影響人們的行為一樣。一個更具攸關性的問題是，投資人是否擁有足夠的資訊來對一家公司的碳足跡做出相對應的決定。公司的報告往往既冗長又複雜，而比較不同公司的碳足跡可能非常困難。如果投資人認定（或經由社群媒體得知）某家公司是溫室氣體排放大戶，而且可能依然故我，那麼公司股價恐怕會跌到一毛不剩，並且該公司幾乎馬上就會陷入困境。想要管理這種風險，公司需要提供完全透明的碳足跡資訊，還有他們減碳的計畫和進展，讓投資人可以有條理地調整其投資組合。這樣的話，一家溫室氣體排放量高的公司，將以較高融資成本的形式來支付碳稅，而且也會有比較強的動機逐漸改進，不會一夕之間就被淘汰。在一個標準化國際框架下實現這種透明度，正是國際金融穩定委員會（Financial Stability Board，簡稱FSB）主持成立的「氣候相關財務揭露」（Task Force on Climate-Related Financial Disclosures，簡稱TCFD）工作小組等倡議行動的宗旨。

以井然有序的方式朝向更為綠能化的經濟轉型，從社會的角度來看，這是一個非常有說服力的誘因。世界仍然高度仰賴化石燃料，而且可能還會繼續這樣很長一段時間。今天，全球約有八〇%的能源需求由化石燃料供應，與三十年前的比例相當。全球能源需求持續增加，在保持化石燃料用量不變之下，光是滿足這些增加的需求便需對替代能源進行大量的投資，而這並不能降低總排放量。像某些理想主義者所倡議的驟然停止化石燃料的生產和使用，而不會在生活水準層面上帶來令人痛苦的後果，根本是不可能的事情。目標是實現淨零排放——人類製造的碳排放量低到可以被地球吸收掉的情況。做到這件事的方式有很多種，包括減少化石燃料用量；投資綠色能源來作為補償；捕捉被排放的溫室氣體，不使其進入大氣層；種植更多樹木以助長大自然的吸收能力。

二〇一六年的「巴黎協定」（Paris Agreement）旨在為這種轉型設定推動進程，並以維持全球氣溫上升幅度低於攝氏二度（比工業化前的水準還高）為其框架目標。根據氣候變遷專家的看法，這需要全世界在二〇五〇年以前實現淨零排放。由一百九十五個國家簽署的「巴黎協定」，便是要尋求建立必要的國際協調機制，防止有的國家規避轉型，讓其他國家來擔負這個重責大任。整個世界都在高度關注降低溫室氣體排放的課題。

不過，身先士卒的國家可能會讓自己在全球市場上競爭不過沒有跟進的國家。某些國家，尤其是小國，太容易以他們對全球排放量的影響小到不足掛齒為理由，堅持現狀不肯改變——這正是「共有資源的悲劇」的完美例證。「巴黎協定」可能會是一個重要的支持框架與同儕壓力的關鍵來源，但它不會是一個推動機制。反之，它對每個國家來說都是一種政治挑戰，只會平添個人和公司對未來的不確定性。實現淨零排放的可能途徑有很多——結合排放定價、管制法規和補貼手段——全都取決於政治。因此，未來幾年，這種轉型將成為經濟與金融不確定性的一個獨立來源。

有鑑於這種不確定性，投資人執行機制恐怕會是最值得關注的，簡單的原因在於它的運作不需來自公共政策或政治共識的支持。有愈來愈多公司每年提出永續報告書，內含溫室氣體排放的數據；他們也設定碳足跡方面的目標，有些甚至納入高階主管薪酬獎勵結構中。就這方面來看，設定二〇五〇年實現淨零排放目標是沒問題的，不過這必須轉化成可逐年衡量的進度。事實上，COVID-19疫情似乎已經讓企業界針對這類目標加速部署的腳步。二〇二〇年，企業界出現一波驚人的保證潮，承諾在二〇五〇年達到淨零排放。其中大部分承諾都是關於範疇一（Scope 1）排放，也就是在公司可直接控制之下的排放；其他承諾延伸到範疇二（Scope 2）排放，將公司所使用的能源在生產時導致的間接排放納入；還有一些公司承諾實現包括範疇三（Scope 3）在內的淨零排放，即消費者使用公司產品所產生的排放。二〇五〇年距離現在只剩不到三十年時間，但足以讓人們相信這些目標是可以實現的。

由於沒有政府要求企業這麼做，所以我們看到的進展證明了投資人的威力。TCFD的企業報告書建議如今得到全球約一千五百家機構的支持，該建議的推廣在這個現象中發揮著關鍵的作用。

即便如此，投資人執行機制並不是這麼容易理解的，散戶肯定是不清楚的。媒體報導向來把關注重心放在轉型為低碳經濟時，某些企業資產可能會變成「擱淺資產」（stranded）的風險。這種綠或非綠的二元投資分析，意指任何從事傳統化石燃料業務的公司都快要消失了。這是不太可能的事，因為發展替代能源需要時間，於此同時，全球能源需求的持續增高也需要被滿足。

再者，不管是用於燃燒還是拿來生產石化產業裡的各種材料，持續使用化石燃料是可以與實現淨零排放並存的。有了足夠的透明度，投資人應該能看出來哪些公司生產的能源具有最大的碳足跡，並施以最嚴厲的懲罰。隨著世界減少對石油的依賴，排放量最高的生產相關碳排大戶將會率先停止生產。與石油生產及精煉為最終能源有關的溫室氣體排放，是龐大的潛在減排來源。來自投資人的減排壓力營造出一個激烈的競爭環境，使基於化石燃料的能源供應商競相成為最有效率的業者。僅憑著這股力量，便能解決世界上很大一部分的溫室氣體排放問題，而這件事情是可以跟實際將化石燃料當成一種能源使用完全分開來看的。

企業可採行的另一種適應方式，是發展符合環保要求的業務來作為互補，如此一來，就能營造出比較有吸引力的業務形象。假以時日，隨著非綠色業務慢慢減少，他們可以逐步拓展綠色業務的範圍，貼近一個普遍轉型為溫室氣體淨零排放的未來。舉例來說，英國石油公司（BP）近日宣布將發展再生能源，使其業務組合更走向綠色環保。由於這是一個已經被專攻再生能源的公司所占據的領域，英國石油的股東將會問的是，相較於專做再生能源的業者，公司是否能帶給這個領域更多價值。

採取混合模式對加拿大的油砂礦業者可能也會有所助益，儘管這些生產商多年來已大幅減少排放量，但他們仍以溫室氣體排放大戶而著稱。將瀝青原料轉換成可用形式，需要用到某種形式的能源，而低成本且豐富的天然氣似乎是最簡易的選擇。不過，若油砂礦的生產搭配使用某種精煉用的綠色能源（譬如水力、核能、綠色氫氣，或是同時使用碳捕捉技術與天然氣），將能大幅減少與石油生產相關的溫室氣體排放。公司也能在萃取效率上取得重大進展，譬如用到較少的蒸氣和化學稀釋劑。與三十年前相比，情況已經發生劇烈的變化，這使得這些公司未來三十年內能實現淨零排放的說法變得極為可信。

即使以化石燃料作為交通能源的使用量在穩步下降中，但石油和天然氣的其他用途似乎仍有可能持續增多。今天，全球約有八〇%的石油產量被提煉成運輸燃料，譬如汽油、柴油和航空燃油，這些排放密集型的用途可能會隨著時間而降低用量，至少在能源總用量所占比重上是如此。不過，其他二〇%的石油產量卻有著各式各樣的廣泛用途，包括拿來製造塑膠、合成材料、蠟、柏油和其他化學產品。社會將會繼續鋪路；用瀝青瓦、塑鋼窗和牆板來蓋房子；製造衣服用的合成纖維布料，以及汽車、機翼和太空船用的塑膠組件。因此減排的石油業者，加上將這些產品運送給製造商和最終使用者的公司，恐怕還能維持業務成長很長一段時間，肯定會遠遠超過二〇五〇年。順帶一提，像加拿大所生產的重質油便有著最豐富的含量可以供應這方面的業務。

有些人可能會認為，這樣看待石油業的前景也太光明了。時間會證明一切，不過有個有用的證據可以參考，那就是全球菸草產業。它不僅是碳排放的重要來源，而且造成每年約八百萬人死亡。根據世界衛生組織（World Health Organization，簡稱ＷＨＯ）的數據，全球每年消耗將近六兆支香菸，製造大約兩百六十萬噸二氧化碳和超過五百萬噸的甲烷。除此之外，隨意丟棄的幾兆個不可生物分解的醋酸纖維素香菸濾嘴，是地球上一次性塑料的最大源頭。在這個領域，一個小小的遠見便能走長遠的路。就溫室氣體排放量而言，比起每年排放約二十五億噸二氧化碳的汽車，吸菸者的排放量相形見絀，僅占其千分之一。事實上，多年來投資人一直在迴避菸草公司的股票，然而前三大菸草公司的總市值仍超過三千億美元。相較之下，石油業的公司正在積極促成社會的淨零排放轉型。假以時日，金融市場肯定會認識到這一點，並且給予這些公司相應的評價。

顯然，這個領域有很多種可能的未來，每一個都取決於因各國而異的政治情勢。這一切，都會使個人和公司所面對的不確定性雪上加霜。如果普遍課徵碳稅在政治上仍有挑戰性，政府至少可以將重心放在氣候永續性基礎設施上，包括制定關於企業訊息揭露的國際規則，以及協助建立全球範圍下的碳交易所，如此一來，減排才能在各處發生，而非只存在於先進經濟體裡。換句話說，如果中國的一家公司放棄燃煤發電，轉而使用天然氣發電，即便它繼續使用大量化石能源，也需要有一種方法來獎勵該公司做出這種轉換。一個真正的全球碳交易所是能促成這件事的，因為想要尋求環保化的公司將可以購買碳權（carbon credit），而已經降低碳排放量的公司則可以出售碳權。

氣候變遷已經正在造成極端、不可預測的天氣事件，使個人、企業、金融機構和政府蒙受經濟與金融後果。即便立即採取補救措施來限制溫室氣體排放，未來三十年的氣候也將變得愈來愈惡劣。這在先進經濟體引發關於糧食與水資源短缺、大規模移民、政治不穩定性的重大風險。這是一股有能力改變一切的構造力。

來自氣候變遷的力量不可避免會被政治化。這對我們的其他構造力來說也是如此，可是與氣候變遷相關的政治問題恐怕是敵對性最高的，而且可能分裂過去一向穩定的選區。由於氣候變遷造成了太多的輸家、贏家和懷疑者，這情況恐難改變。有鑑於氣候變遷是一個集體問題，源自於我們的系統無法反映出追求自利的個體的行為後果，它絕對需要做出集體回應——換句話說，就是政治——才能往前邁進。解決氣候變遷必然得循政治途徑，而這讓它在可見的未來成為經濟不確定性的最重要起因。

即使方向確立，但強制在二〇五〇年以前完成淨零排放能源轉型，就算做得到，也會令已然複雜的情勢平添更多變數。實現淨零排放有許多種不同的可能途徑，因此因應氣候變遷的政策反應可能會帶給未來更多的不確定性，而非更少。溫室氣體排放全面定價的趨勢意味著相對價格將發生變化，這是可以創造出或摧毀掉整個商業模式的。

政府是否能採取統一的做法來解決氣候變遷的問題仍很難說，政治就是這樣。就算他們沒辦法解決，投資人也已正在用他們的投資組合做出選擇，這種趨勢將持續下去，令資本配置、營業中斷和潛在的擱淺資產發生深遠的變化。

從政策層面來看，強調碳捕捉與碳封存的技術解決方案，似乎是平衡這個世界的綠色環保抱負及其碳基礎的最好方法。加重碳稅顯然是一個可能的做法。不過，政府也可以一邊管制排放量，一邊建立激勵措施來開發直接從空氣中移除碳並加以掩埋的技術——逆向採礦——讓自己有最大的靈活性來因應氣候變遷。今天，某些城市正在捕捉城市垃圾所排放的甲烷，並將之注入天然氣系統中。基於這個想法，將城市垃圾轉化成氫氣或其他一些可儲存的能源，同時捕捉、儲存或再利用存在於其中的碳，是有很大的前景的。

這樣的循環科技將能真正地解放社會——想像一下使用一次性塑料完全不會有罪惡感的狀況，因為這塑料能在當地垃圾掩埋場被可靠地轉換成潔淨能源。作為社會的一分子，我們有責任為了自己，也為了後代子孫找到創新的方法，去繼續利用這個星球的豐富自然資源帶給我們的好處，同時保護世界免受氣候變遷的更多影響。考慮到全球暖化加劇是不可避免的，採取雙管齊下的做法，立即減少排放量，同時開發未來的碳捕捉新技術，似乎是管理氣候變遷風險的最佳方式。

顯然氣候變遷的構造力本身便構成一項令人生畏的挑戰，而它又免不了會與前面章節討論到的其他構造力相互衝撞，導致明顯的波動和未來的不確定性。

第七章
構造力交互作用下的高風險世界

憶當年：人生的岔路口

當你細細思量，人的一生當中有多少種可能的路可走的時候，會對自己現在走到這一步感到驚奇不已。譬如說，從高中發展到你現在的處境，過程中有多少決定要做？過去這二十年一路下來，如果你只是轉了一個不同的彎，現在的你會在哪裡？那個想像的情節和你今天所處的情境可能有著天壤之別——不同的城市、不同的職業、不同的配偶、有小孩或沒小孩等等。一連串隨機事件隨著時間日積月累，形成龐大驚人的不確定性。如今的我們，基本上是所有這些決定與相關經驗的總和，使我們成為獨一無二的個體。

尤吉．貝拉（Yogi Berra）曾經說過：「當你遇到岔路口時，選一條走就是了。」我在皇后大學念書時，怎麼就剛好遇到一個人勸我去選修經濟學？如果沒有遇到那個人，我可能會選另一門數學課而不是經濟學，並照著規劃進醫學院就讀，最後在我的家鄉奧沙瓦市的某個地方行醫。從起點到今天的這個結果，一路上的岔路口和累積的不確定性是無法估量的。

這個簡單的想法實驗闡明了本書的一個重要前提：隨著時間漂移的動態力量，就跟我們的生活一樣，從來都不是一直線。沿途有許多隨機因素干擾，而這種不確定性會一直累積下去。從今天的角度來看，現在的我們未來五到十年將身處何處，那個不確定性是很大的，事情最後的結局對每個人來說也都是獨一無二的。這完善地說明了混沌數學或蝴蝶效應（butterfly effect）的本質，對於我們理解不久的將來所將面對不斷上升的風險至關重要。

多年來，一直有一股亢奮橫掃全球股市，這是一波由最新的技術進步所驅動出來的樂觀浪潮。繁榮看不到盡頭——投資人不斷地把資金投入新的通訊系統、運輸技術和最新的製造創新。新的支付方式正在顛覆舊有做法。一個新時代即將展開。

直到黑色星期五（Black Friday）到來。在真正的經濟進步浪潮背後，總是藏著一群幾乎不加掩飾的詐騙分子，引誘著那些受錯失恐懼症（fear of missing out）所擾且缺乏分辨能力的投資人。在一個過度莽撞的市場裡，只要在敘事裡發現一個小裂縫，便足以瞬間改變市場情緒。市場在那個星期五上午崩盤：交易所裡超過一半的股票蒸發，一百多家金融機構破產。下午稍早市場封盤，留下的餘波是持續大約二十年的經濟蕭條。各國政府以實施關稅來保護自己的經濟作為回應。

那場恐慌始於一八七三年五月九日星期五，地點在奧匈帝國的首都維也納；它被普遍認為是長期蕭條（Long Depression）或維多利亞蕭條時期的催化劑。接下來幾個星期，信用枯竭，猜疑四起，更多投資人退場，也有更多公司倒閉。那個時候，市場情緒感染的速度比較慢，但在接下來的幾個月裡，恐慌蔓延到其他商業中心，包括倫敦、柏林和紐約。紐約證券交易所在該年九月休市十天。

儘管一八七三年的恐慌顯然導致了維多利亞蕭條，但是把這起事件描述成是一個典型的榮枯循環，而投資人只是失去了信心，未免過度簡化了。經濟史學家確實指出衰退之前有一段繁榮期，並經常援引鐵路過度投資為例，不過他們也指出支付系統出現一個重要的轉變。德意志帝國在一八七一年停止鑄造銀幣，並在一八七三年七月改成完全基於黃金的支付系統。一隻蝴蝶振翅了。

德國這個看似無傷大雅的決定引發全世界的連鎖反應，產生重大影響，包括美國在內的其他國家紛紛跟進，放棄以白銀作為支付手段，改採金本位制。全球貨幣供給緊縮，抬高了利率，導致負債累累的農民和鐵路公司無法償還債務，同時也把他們的銀行及其他投資人一起拖下水。這段陳述清楚地表明，恐慌不僅是投資人對維也納市場失去信心造成的，也解釋了這種國際傳播現象。

我也會根據構造力的因素提出一個更深入的闡釋。在一八七三年發生恐慌之前，全世界正在經歷一場非常重大的結構性轉變。第一次工業革命是人類自進入農業社會以來的第一次大躍進。北美殖民化為這個複雜局面帶來難以置信的豐富新資源——耕地、木材、金屬、礦物——加上蒸汽機的運用，大幅提高了世界的供應能力。簡言之，生產力出現前所未見的激增。

如第三章所討論的，全球供應增加和提升到新的效率水準，導致包括食物、布料及其他製造品在內的各種商品價格下跌。在這個過程中，很多人失去工作，尤其是在歐洲的經濟體內，從而加重了供需失衡的情況。資本家和鐵路大亨當時正在攫取第一次工業革命的勝果，而勞工要不是丟了工作，要不然就是在新工廠長時間勞動以換取微薄薪資。換句話說，所得不平等急劇上升。

值此同時，價格下跌對前債未還、適應新技術緩慢的公司造成不良的影響，使得他們的信用度受損，投資人心中的猜疑也愈來愈大。技術進步、所得不平等加劇和債務日益增加，這三股構造力相互碰撞，形成了爆發經濟和金融波動的基礎。

整個情況只需要一個催化劑便能引發地震，而俾斯麥（Bismarck）政府就擔任了這個角色。德國從複本位支付制（bimetallic payment standard）轉向單本位制，這件事本身便為它得來了「構造性轉變」的封號。此舉當時在國際上具有高度傳染力，導致黃金短缺，進而波及貨幣供給。就在全球經濟歷經商品供給大量增加，需要更多貨幣供應來促成不斷成長的交易量之際，全球貨幣供給就這麼被硬生生地削減了。突然之間，有太少的貨幣追逐著太多的商品，通貨緊縮於是登場，結果調出一杯完美的經濟蕭條雞尾酒。

維多利亞蕭條時期絕佳地說明了構造力如何交互作用，導致經濟和金融波動意外爆發。這不只是那種市場的上下波動而已，而是一個真正的異數，一起黑天鵝事件，為人類帶來多年的極端苦難，和我們觀察到影響經濟的干擾是完全不成比例的。維多利亞蕭條永遠地提高了我們對未來的集體不確定性。

認識不確定性

個人與公司每天都面臨著無法估量的不確定性。不確定性向來是實用經濟學的一個重要部分，因為它研究的是個人與公司的行為。經濟學家總是試圖根據個人行為來捕捉整體行為的廣泛變化，這就是總體經濟學。你我對於某個特定情況可能會有不同的反應，不過當我們把每個人的反應都加起來，便可以定義出跨越所有個體的平均反應，並且認知到這個平均值是一個受制於不確定性影響的統計概念。換句話說，一旦面對某種情況，平均而言，人們作為一個群體會以這樣的方式反應，不過人群中每個個體的反應會略有差異。總體經濟學不是機械的或精確的科學，它談的是對典型或平均人類行為的一種合理近似。

標準或「常態」統計分布是經濟學的一個常見概念，一般以鐘形曲線為人所熟知。常態分布勾勒出每一個可能結果的機率。最有可能的結果位於中心處的鐘形頂部；這個點以平均值（average）廣為人知，是你所期望的結果。你念大學的時候，可能聽過教授用鐘形曲線來決定你的成績。由於考試的難度不一，而且評分也會因教授而異，所以大學可能希望教授們的平均分數都相同，譬如七十分。如果某一班的平均分數是六十五分，可以推測是因為考試比較難或教授的評分比較嚴格的關係，因此每個學生的成績都會調高五分，使該班級的平均分數與其他班級相同。鐘形曲線的其餘部分代表所有其他可能的結果，離平均值愈遠，出現該可能結果的機率就愈低。學生考到一百分的機率很低，考到八十分的機率高一些，考到七十分的機率最高。

將可能結果的這種分布牢記在心，我們就能用數學來計算特定可能性發生的風險或機率。如果我們認為我們知道結果的統計分布，就可以在「未來將符合過去呈現的平均水準」此一假設下，衡量相關的風險。一個非常寬且頂部平坦的鐘形曲線所代表的是，平均結果的發生機率仍然最高，可是沒有那麼高，因為更高或更低結果的發生機率也很顯著。假定平均結果明天還會再次發生是具風險性之舉。

塔雷伯在他的《黑天鵝效應》（*The Black Swan*）一書中談到，廣受歡迎的鐘形曲線極具誤導性，因為它使人對風險概念產生錯誤理解。當人們想到鐘形曲線描述的平均值，往往不會去考慮各種極不可能的結果，它們的位置離平均值很遠，在平均值右側或左側的遠處，位於曲線的尾端。不幸的是，這些可能性不高的「尾部風險」（tail risk）事件散見於歷史上，正因為機率極低而遭到漠視，所以人們幾乎從來不曾為此做好準備。塔雷伯說鐘形曲線是「知識大騙局」（great intellectual fraud），他寫道：「令人震驚的是，鐘形曲線被那些穿著黑西裝、枯燥無聊地談論著貨幣的監管者和央行官員當成風險衡量工具。」我承認這是我們的疏失。

我們對於經濟學中的不確定性的理解，有很多是構築在一個世紀前著書立說的美國經濟學家法蘭克・奈特（Frank Knight）的思想上。奈特用「風險」一詞，來描述可能可以計算或衡量特定事件發生機率的情況，譬如說，經濟學家可能會使用模型來判定，從現在開始一年後發生經濟蕭條的機率是三〇%。不過若出於某種原因而不可能去計算機率的話，這種不確定性是龐大深刻到無法靠經濟模型來捕捉，或以平均歷史行為或鐘形曲線來大略估計的。無法衡量的不確地性不被視為「風險」，而是所謂的「奈特式不確定性」（Knightian uncertainty）。

相關性與經濟模型

經濟模型仰賴數據中的相關性，也就是可用來做出預測的變數間的經常性關聯，例如消費者支出與消費者所得呈正相關；當所得增加，支出就會增加。這種正相關性並不是絕對的，因為一般來說，總是會有一些所得被存起來，而且儲蓄金額會因人而異，也會視背後的情況而定。

就算是一般的觀察者也知道，相關性不必然意味著因果關係，總是會有別的什麼原因導致兩件事情同時發生。這就是經濟理論的重要之處，經濟學家基於嚴謹建構的理論來進行預測，基本上是在定義因果關係應該如何在經濟統計數據中展現出來。如果統計數據裡的相關性與理論相符，那麼經濟學家便有一定的信心，認為這想像的關係是可靠的，並且用它們來預測未來。這些關係被統稱為模型。

大多數情況下，這些都不是簡單的二元關係，像是「當這個上升時，那個通常會下降」。一般來說，會有好幾件事情同時發生。一個變數（例如匯率）的行為是取決於其他幾個變數的行為，而不僅僅只靠其中一個。分析師若仰賴匯率與另一個經濟變數間的歷史關聯，會從中發現彼此具相關性，但這相關性並非始終如此。一旦不存在相關性，則是因為某些其他變數已經取而代之，成為匯率的主要驅動因素。然後，經濟學家和媒體往往會解釋慣常的相關性如何「崩潰」並被一個「新的理論」所取代。但到頭來，新理論並沒有好多少，這個新的相關性同樣也只能維持一段時間就會失去關聯，會發生這種情況，是因為應用框架並不完整的緣故。

決定哪些相關性最重要並可用來進行預測，幾乎總是一種多面向的問題，而且遠比聽起來的困難許多。舉例來說，買房的決定幾乎可以肯定是取決於一個人的收入——收入愈高，買房而非租屋的傾向就愈高。同時，由於買房通常需要借錢，所以決定時的貸款利率也很重要，利率高的時候，同一棟房屋的房貸支出就會比利率低的時候更高。低利率往往能刺激買氣；利率較高就會阻礙買房意願。

現在，假設我們觀察到房屋銷量強勁和利率上升同時發生，我們會怎麼看待這種違逆慣常相關性的現象？不藉由簡單的相關性，轉而採用一個比較複雜的模型，我們就會想到房屋銷量既受所得所驅動，也會被利率所影響。如果所得正在增加，即使利率也在走高，房屋銷量仍然可能會上升，不過上升幅度會比如果利率維持在低點來得小。要能從直覺上理解這一點，需要觀察者想像如果利率沒有提高的話，房屋銷量會是什麼狀況——銷售可能會更強勁——然後，單獨進行計算來理解利率較高的影響。這種思維過程需要觀察者去想像一個反事實的情境，但這並不容易，因為人們很自然地會從簡單的雙變數相關性的角度來思考。經濟學家運用統計技術來梳理這類驅動因素在數據中的相對重要性，從而實質上容納了兩件或更多件事情同時發生的可能性。

而這只是一個關於房屋銷量的簡單模型。經濟學家對整個經濟體的模型將包括類似於此的統計關係，用來描述出口、進口、消費者支出、企業的投資支出、政府支出、匯率、長期利率等。這些元素每一個都會與許多其他元素交互作用，而且全部同時發生。隨著這個模型變得更完整，它也就跟經濟體一樣，逐漸失去了可以讓經濟學家瞭解其應該如何運作的簡單性。

一旦發生這種情況，就再也不可能去預測在現實世界裡應該觀察到什麼樣的相關性，也無法理解觀察到的相關性。模型只能用來模擬歷史和進行能顯露出其特性的實驗。模型的某些部分（譬如住宅）也許能對歷史做出適切的解釋，然而其他部分（譬如商業投資）則無法做出如此妥善的解釋。經濟學家會說，後一種關係比前一種關係受到更多不確定性的影響，因為針對後者，他們所採用的方法比較無法重現歷史。然而所有的組成要素都必須共同運作，才能產生那些我們需要去理解的變數，例如整體經濟成長或通貨膨脹。

一個模型對經濟成長或通貨膨脹的預測，包含了用以描述經濟各個環節的多重關係的所有不確定性。這種不確定性的複雜交會被稱為「模型不確定性」(model uncertainty)，它最全面地衡量了我們在做經濟決策時所承擔的風險。

這不是經濟學裡不確定性的唯一來源，尋常的估計量測問題也會對不確定性有影響。經濟學家的模型裡，有一些重要觀念在理論上一清二楚，可是在實務上卻很模糊。一個例子是經濟體生產商品與服務的能力，這取決於企業的生產能力和勞動力的可取得程度。另一個例子則是先前討論過的自然利率或均衡利率（equilibrium rate of interest）。

老實說，經濟學家必須承認，衡量這些要素的不確定性，將直接影響經濟模型的複雜度，並放大模型對經濟成長、通貨膨脹、利率等預測的最終不確定性。當經濟學家對此心存重大疑慮，會對這類變數做出一連串假設，產生對未來的多種預測結果，形成一個含有多種可能性的集合。

蝴蝶效應、黑天鵝與混沌理論

若說實證經濟學看起來很有挑戰性，那麼預測天氣似乎就更難了，任何時候都有著如此多的變數在發揮作用。就跟經濟學一樣，天氣本質上是動態的，無時無刻不在演變。部分問題在於，即便氣象的關係是物理性關係，而非（像經濟學那樣的）行為性或社會性關係，但天氣現象的測量甚至比經濟測量更不精確。

在一九六〇年代初期，愛德華・羅倫茲（Edward Lorenz）率先觀察到天氣可能是混沌的——在數學上不可預測——因為它對起始條件非常敏感，而那些條件難以被精確測量。羅倫茲當時正在開發天氣模型，於一九七二年的一篇研究中首次談到「蝴蝶效應」。根據他的理論，巴西的一隻蝴蝶振翅，可能引發一連串影響，隨著時間擴大效應，最終導致德州颳起一場龍捲風。換句話說，起始條件的微小變化——或測量起始條件的微小誤差——可能會對天氣預報產生重大影響。

如今，預測天氣需要用到含有初始條件微小變化的許多天氣模型來進行模擬，以便創建出多個預測結果，然後求取這些預測的平均值後，透過氣象應用程式將資訊提供給你。這會降低起始點測量誤差對最終天氣預報的重要性。近年來，天氣預報員的預測技能變得非常高超，每小時的預測非常接近實際結果。

數學家的研究已經證明，任何具有複雜交互作用的運動力系統，尤其是其中某些元素是非線性移動的話，可能會產生混沌不明的結果。所謂「混沌不明的結果」，意思是人們無法預測某個力量的特定組合可能導致什麼狀況——基本上，結果是隨機的。如果我們在未來的某個時間點重複同樣的情況，很可能產生大相逕庭的結果。這在數學上是真實無誤的，即便完全機械化且已知確定的力量也是如此。此一概念可直接運用於天氣和經濟上，因為兩者都是用數學關係來建模，其中許多是非線性的關係。如果一隻蝴蝶便能改變天氣，想想看，構造力的聚合會對經濟造成什麼影響。

跟造成天氣的大氣力量一樣，這五種構造力描述起來都相對簡單。人口老化、技術進步、所得不平等惡化、債務負擔加重和地球愈趨暖化，這些其實都不複雜，但卻會導致複雜的後果。而當它們同時演變時，理論上，彼此的交互作用可能會為全球經濟帶來看似混亂或無法解釋的後果。換句話說，以我們今天所做的觀察和創建的模型來看，對未來的經濟成長、通貨膨脹或利率的實際讀數可能都難以解釋清楚。這種程度的不確定性在理論上也是無法計算的，因此必須被視為「奈特式不確定性」。就個人而言，這表示在未來，即便普通決策所涉及的經濟風險也將變得更高。

塔雷伯提出黑天鵝的見解，與這種不確定性的概念密切相關。在塔雷伯的描繪裡，一個過去從來不曾發生的事件發生了，整個世界從此改變。網際網路被創建出來，世界再也不一樣了；兩架噴射客機撞進紐約世貿大樓，世界再也不一樣了；或美國房市崩盤，導致全球金融危機，世界再也不一樣了。這類事件發生之後，人們會去合理化飛機墜毀或房市崩盤的發生，這意味著在許多旁觀者眼中，這些事件本應是可以預見的，至少專家要做到這一點。黑天鵝事件的發生，意味著未來我們應該再也不會措手不及才對。

塔雷伯說得極是，總是會有極為罕見的重大風險和機會藏在「尾部」，那些事件將從此重新定義我們對風險的看法。可是在一個構造力不斷變動且摩擦的世界裡，問題不在於只有一個無法預測的尾部風險。對於意料之外的經濟和金融事件，一個更讓人感興趣的解釋是，我們這個世界的複雜性和作用於其上的力量，**保證**會不時產生混亂的結果。此外，當這些力量隨著時間而變得更為強大，**平均而言**，我們將經歷到更多的經濟與金融波動。不明所以的事件可能看似為黑天鵝，但卻是我們的環境變得日益複雜的自然產物。如果這本書只講一件事情，那就是加諸在我們身上不斷上升的風險，恰好就位在鐘形曲線的正中央。即便事件本身無法事先預料，但我們知道更高的波動性正迎面而來，這是我們可以拍胸脯打包票的事。

這不是通常意義上的經濟預測，我不會把數據輸入模型來看它預測出什麼結果。這是一種更深層的推論，一種基於數學所導出合於邏輯的結論。未來，日益強大的構造力相互作用，將為全球經濟帶來混亂，結果就是，我們基於對經濟的認識所得出的統計平均值將變得更不可靠，充滿更多風險。我們的經濟決策必然會更加模糊不清，我們也更容易犯錯並承受決策拙劣的後果。

一如世界經濟論壇的施瓦布和蒂埃里・馬勒雷（Thierry Malleret）在他們二〇二〇年的著作《COVID-19：大重置》（*COVID-19: The Great Reset*）裡如此滔滔雄辯地說，最能概括二十一世紀的詞語是「相互依存」（interdependence），這是全球化與技術進步的副產品。更高的相互依存度意味著經濟活動和跨境貿易有更多專業化的機會，複雜的全球供應鏈則是無可避免的結果之一。不過，這種程度的相互依存也會使得經濟難以抵擋連鎖衝擊。無論潛在的干擾是什麼，經濟都會因此變得更同步反應。

舉個例子來說明這一點，由於現今的國際旅行比二、三十年前更為普遍，想想COVID-19疫情傳播到全世界的速度有多快。馬克斯・羅瑟（（Max Roser）在一份近期研究中，蒐集了來自聯合國世界旅遊組織（UN World Tourism Organization）的全球旅遊數據，顯示一九八〇年代有二・七八億國際入境人次，在二〇一八年則達到十四億人次，增加了五〇〇%。不僅旅遊業蓬勃發展，這也是商業全球化的一個極佳的代理指標。這個增加發生在全球人口增多大約七〇%的時期。隨著人們比以往更頻繁地四處移動，任何新病毒都極有可能全球流傳，不管這病毒是來自中國的蝙蝠、丹麥的水貂，還是多倫多的蚊子。施瓦布和馬勒雷提出有力的主張說，來自COVID-19的衝擊波將在未來迴盪很長一段時間，平添經濟與政治的不穩定性。然而我所持的論點是，即便疫情大流行從來不曾發生，世界也將在未來經歷一波高湧的風險浪潮。

政治情勢與地緣政治

構造力不只會彼此交互作用。個人和企業蒙受波動性高漲的後果，勢必也會將政治牽扯進來，使任何經濟問題平添一層不確定性。立意良善的政府政策，把政治因素納入考量，便會受妥協所苦，並可能帶給商業環境意想不到的後果。即便政府不會這麼做，但他們對某個特定議題所可能採取的行動帶有不確定性，也會成為商業決策的重大阻礙。在今天高度相互依存的世界裡，一個國家出現政治緊張局勢，可能會對全球地緣政治產生連鎖效應，為人們的日常生活帶來全新面向的不確定性。我們在近年來的國際貿易領域裡看到的正是這種機制，所得不平等加劇助長美國內部的不滿情緒，導致任意而為的貿易限制，對世界各地產生重要的影響。

同樣地，氣候變遷的構造力與人口持續成長發生碰撞，似乎肯定會將水資源變成未來地緣政治動盪的根源。世界衛生組織預估，到二〇二五年世界約有一半人口會居住在缺水區域。除此之外，轉型為低碳經濟可能需要用到大量的水。氫氣經常被譽為是最環保的燃料，可是它的生產往往是從用到淡水開始；電動車用到鋰製成的電池，而鋰電池的生產會用到大量的水；核能的用水量龐大，地熱能也是如此。簡言之，全球水資源壓力可能會造成全球經濟發生大地震級的事件，譬如人道災難、人口大規模遷徙，甚至發生戰爭。

構造力的交互作用可用來對歷史上的重大危機做出更連貫一致的解釋。維多利亞蕭條和經濟大蕭條都是一波技術大浪潮、不平等加劇和債務之間交互作用下的產物。一九九七年發生的亞洲金融危機，隨後波及到拉丁美洲和俄羅斯，也是這些相同因素所奠基而生的。在此之後，構造力繼續轟轟低鳴，創造出全球金融危機的先決條件。

第四次工業革命已經在進行中，而全球疫情可能已經加速它的進程。在人口老化、所得不平等加劇、債台高築和氣候變遷的力量相結合下，我們有了所有必要因素來預測，不久的將來將發生更多經濟與金融地震。這些構造力有不少將引發政治辯論、妥協嘗試和政策的非預期轉變，為前景蒙上另一層風險的陰影。在這些條件下，非常有可能出現類似十九世紀末的危機。不過，如同一連串相對較小但嚴重的地震跟一場災難性大地震不一樣，預測風險升高跟預測一場危機也是不一樣的。

從實際的角度來看，未來的風險變得更高，這意味著經濟蕭條和失業率增加出現的頻率更高，不過基於同樣的理由，也會有更頻繁的經濟繁榮，伴隨著間歇爆發的通貨膨脹。會有利率極低的時期，同時也會有突然的高利率時期。不管是漲是跌，股市會有更明顯的波動，房價亦復如此。原物料價格會有更大的變動性，石油也包括在內，而這將反映在你當地加油站的油價上。凡此種種，意味著任何具體的經濟決策——譬如擴大業務或續簽長期或短期房貸——做錯決定的風險將變得更大。

這五種構造力不只是在運作和壯大而已，它們還能彼此強化，從而造成更大的經濟震盪。人口老化意味著還可能更低的低利率，導致不可避免的債台高築加快速度。氣候變遷使得投資人在提供資金給沒有那麼環保的企業時，要求支付風險溢酬，而未來的商業環境突然變成政治上的燙手山芋。技術進步取代了勞工，加劇了所得不平等，也引來政府突如其來地出手干預。未來的不確定性增加，就是會如此這般地使得金融決策難上加難。

隨著構造力的運作，而且已經導致全球經濟的不穩定性升高，武漢的一隻蝙蝠拍動翅膀就能讓全世界潰不成軍，我們還應該對此感到訝異嗎？

第八章

即時風險管理：COVID-19 大流行的啟示

憶當年：歸鄉路

離開加拿大央行十八年之後，我回到那裡擔任總裁。過去這十八年來，一路上充滿了有趣又饒富意義的岔路口，其中最主要的是任職加拿大出口發展局（EDC）期間投入在企業董事會上的寶貴時間，讓我對經濟如何運作取得實地的瞭解，這是單靠著鑽研經濟文獻、模型和數據無法做到的。這些經驗在接下來的七年當中多次被證明是具有極大的價值，但最重要的莫過於二〇二〇年疫情爆發之初的那段日子。

我被任命為央行總裁是在二〇一三年五月初宣布的，一個舉行「散步」（the walk）儀式的美好日子，這是加拿大央行的一項傳統。財政部長〔已故的吉姆．弗萊賀提（Jim Flaherty）〕和即將卸任的總裁（卡尼）陪同總裁候選人沿著渥太華的威靈頓街（Wellington Street）走到國家新聞大樓（National Press Building），記者和攝影師沿著人行道匆忙跟拍，尋找三人的最佳鏡頭。有一度交通中斷，到處都有攝影師蹲伏著，我開始邁開步伐時，被弗萊賀提部長伸手攔了下來，他低聲咕噥著說：「史蒂夫，現在可不是被車輾過的好時機。」在新聞廳，我們三人開了一場臨時記者會。

當天稍早，我從EDC的辦公桌悄悄溜走，只告訴行政助理我有一個外面的約會。我在路邊被人接走，經由地下室秘密進入加拿大央行大樓，那裡有個空間可以停幾輛車，還有一個供物流卡車用的卸貨平台。總裁卡尼正站在卸貨平台上等著我，他握著我的手，大聲說道：「史蒂夫，歡迎回家！」對一個來自奧沙瓦的孩子來說，這是一個特別的時刻——真正的歸鄉啊！

不過一個月後我上任的第一天，無疑才是最令人難忘的日子。首先，卡尼總裁在我的辦公桌抽屜裡留下一張溫馨的手寫便條，我至今還保留著。其次，我說服負責相關事項的同仁將第一任央行總裁葛拉漢・陶爾斯（Graham Towers）最早在一九三〇年代使用的桌子從倉庫搬出來，送到我的辦公室供我個人使用。我熱愛傳統，從我拜訪約翰・克勞（John Crow）和繼任的戈登・泰森（Gordon Thiessen）這兩位央行總裁的辦公室，就能想像到陶爾斯原來使用的那張辦公桌。它是一件文物遺產，我也承諾將如此對待它。接下來，是偕同弗萊賀提部長去總理辦公室見哈珀總理的時候。當我回到我的辦公室，貨幣部門的負責人拿著一張特殊的紙和一枝特殊的黑筆在等著我，他們說：「總裁，我需要您的簽名。」

自我將近四十年前初次夢想執掌加拿大央行以來，我就已經想像過這一刻。對一個貨幣經濟學家來說，沒有什麼比你的簽名出現在加拿大人口袋裡的鈔票上更特別的了。這張特殊的紙上有十個方框，意思是我會簽下十次名字，然後挑出我最喜歡的簽名放在加拿大的紙鈔上。

我在下筆之際，想到我應該提醒他們我的計畫，這件事情已經醞釀很久了。「我應該提一下，」我說：「我打算簽下我的全名，史蒂芬・S・波洛茲。」我在這方面做了研究，已經注意到歷任總裁只有單純簽下他們的名字首字母和姓氏。

「噢！總裁，您真的不應該這樣。傳統上，紙鈔上的簽名只有簽首字母。」

我回答說我完全知曉這個傳統，但仍然決意做些不一樣的事。我的名字史蒂芬也是我母親家族的姓氏，不過這裡面還有一個更深層的故事。我的母親是喬治・史蒂芬（George Stephen）的遠房親戚，此人在一八七六至一八八一年間擔任蒙特婁銀行（Bank of Montreal）的總裁。他後來負責監造將我們的國家連結在一起的加拿大橫貫鐵路，並擔任加拿大太平洋鐵路公司（Canadian Pacific Railway Limited）的首任總裁。在加拿大央行於一九三五年成立以前，蒙特婁銀行是加拿大政府的銀行，這表示我和老「喬治舅舅」之間也有著一個央行業務面的連結。基於這些理由，我希望我父母兩邊的姓氏都能出現在紙鈔上。所以我就用這樣的方式簽名了。

在同一場首次會議中，我也問了預計何時能將一位具指標性的加拿大女性印在我們的一張鈔票上。很遺憾地，答案是在我擔任總裁的這七年任期內，不可能實現這件事。不用說，我並不滿意這個答案，並把於任期內打造出一張印有具指標性加拿大女性的紙鈔，作為我的個人使命。當二〇一七年央行決定發行一張特別鈔票來紀念加拿大聯邦成立一百五十週年時，我的第一個機會來了，這張鈔票上包含了第一位當選下議院議員的女性艾格尼絲・麥克菲爾（Agnes Macphail）的肖像。我們接著啟動一個程序來更新某張普通紙鈔，而非動到整個系列，並且邀請加拿大人提名印在鈔票上的候選名單。程序走到最後，財政部長比爾・莫諾（Bill Morneau）挑中了薇奧拉・戴斯蒙（Viola Desmond，譯註：加拿大的女性黑人民權運動先驅），以引人注目的直式新型設計呈現在紙鈔上，背面則是加拿大人權博物館（Canadian Museum of Human Rights）的圖樣。我們全都對這樣的成就感到無比驕傲，尤其是自二〇一三年以來，我們一直以為這在二〇二〇年代以前是不可能發生的事。

回到二〇一三年，另一件看似不可能發生的事，則是有朝一日世界經濟可能因為全球疫情大流行而幾乎停擺。若說二〇〇八年金融危機似乎改變了我們經濟的一些基礎，使未來變得難以預料，那麼 COVID-19 危機看來嚴重許多倍。它令我們一生的所學面臨考驗。

二〇二〇年的事件適切地說明了第七章所提出的力量相互依存的概念。COVID-19 不能被看成是塔雷伯所說的黑天鵝，因為流行病學家早就預料到有一天會發生這樣的大流行病。病毒產生變異並且從動物傳到人類身上的風險是持續存在的，有點類似於地球板塊運動，是不可避免的。全球經濟的整合程度幾乎確保了這樣的一種病毒變異會在全球流行。毫無疑問地，

COVID-19 已經重新定義了世界的穩定狀態，在過程中改變了我們對常態的看法。一隻武漢的蝙蝠拍動翅膀後，爆發複雜且巨大的經濟和金融波動，便是一個很好的例子，說明了力量如何交互作用產生看似混亂的結果，並導致人們將其拿來跟黑天鵝做比較。這個經驗也讓政策制定者初嚐滋味，明白為了因應未來的地震級事件，需要用到哪種干預手段。

中央銀行所為何來

所有的政策制定者一開始就知道這個病毒，因為我們已經看到來自中國的報告。我第一次感受到人們對此事的重視程度是在二〇二〇年二月二十二日，當時 G20 財長和央行總裁們親赴利雅德會面。我們的中國同行並沒有前往利雅德，但中國駐沙烏地阿拉伯大使為眾人做了詳細簡報。我們還聽取義大利、南韓和新加坡的深入分析，這些國家是病毒傳播的早期受害者。他們提供了第一手的描述，說明病毒如何地傳播並影響醫療系統，以及正在考慮的政策因應措施的規模。會議氣氛非常低迷，甚至沉重。幾乎是在一夜之間，有關經濟前景的討論變得完全取決於 COVID-19 可能造成什麼影響。我記得自己從那次會議回來後，便確信大麻煩就要來了。

全球油價已經大幅下跌，從年初的六十美元降到二月底的四十五美元左右，主要是因為美國和沙烏地阿拉伯生產商之間爆發搶占市場占有率的競爭所致。僅此一事便對加拿大造成重大衝擊。加拿大的產油量比消費量高，所以價格下跌意味著國民所得降低、石油業的投資減少和產油區的就業機會立即流失。這些效應遍及全國——當一名亞伯達省（Alberta）的石油工人丟了工作，他們會延後買新車、新衣服或後院新露台的計畫，從而影響到汽車業、零售業、建築業、林業等等的就業機會。在加拿大央行這裡，我們已經在考慮如果經濟突然出現負面轉折的話，可能需要進行什麼樣的利率調整。

三月四日一大早，國際貨幣基金（IMF）主辦一場專門針對COVID-19的國際協調會議。明顯可見，病毒正在如火如荼地蔓延。那天早上稍晚時分，加拿大央行降息兩碼；我們知道，光是疲弱的油價就需要我們祭出實質的貨幣寬鬆政策。不過考慮到COVID-19可能產生的其他影響，我已經開始覺得降息兩碼最後將會是不夠的。這是一個困難重重的分析，因為利率已經很低了，使得貨幣政策沒有太多可操作的空間。我開始懷疑，除了一般的利率動作之外，央行將需要動用到一些非常規的手段。

第二天，三月五日，我前往多倫多，在皇家約克酒店（Royal York Hotel）發表傳統的決策後經濟展望更新演講，主辦方是資本市場女性聯盟（Women in Capital Markets）。現場有六百人與會。在午餐前的雞尾酒會上，有些人以碰肘的方式打招呼，不過那天我遇到的大多數人都溫暖地和我握手或擁抱。那樣的情況很快就會改變了。我以幾句話結束我的演講，談到大家已經在談論的話題——病毒。從那時起，世事多變，但我仍堅信當天說過的話。我跟大家保證，經濟的體質良好，足以應變任何狀況的發生。這種準備好面對意外波動的狀態——韌性——將是我們在未來的高風險環境中做出回應的關鍵所在。

重要的是，像 COVID-19 這樣的危機並不會於同時間或以同樣的方式影響整個世界。重點在於起始條件。當天氣預報員把一連串起始條件輸入他們的模型，只要輸入的數據略有差池，就能產生天差地別的預測結果。經濟也是如此，試著去瞭解不同的經濟體如何應對 COVID-19，對掌握病毒到來時的狀況會有幫助。如果兩個經濟體的均衡狀態處於不同的位置，我們不應期望他們以同樣的方式來回應 COVID-19。

加拿大的例子別具洞見。當我在二〇一三年回到央行擔任總裁時，加拿大的經濟運作並未達到完全產能，通貨膨脹也低於目標值——這是全球金融危機留下的遺緒。可以想見，人們急著想要擺脫這個後遺症；畢竟到了二〇一三年，全球金融危機已經過去五年了，儘管利率持續處於低點，但許多國家的復甦仍然遲滯不前。

我記得二〇一一至二〇一二年間，我還在 EDC 工作的時候，總是有人反覆問我為什麼經濟沒有按慣例從危機後的衰退中復甦過來。我一直很愛隱喻，因為它們能幫助我把抽象的經濟學轉化成有利直覺理解的概念，讓人更容易記得。在好友吉爾・雷米拉德（Gil Rémillard）創辦的蒙特婁研討會（Conférence de Montréal）的一次會議上，我首次提出我的義大利麵醬比喻，事實證明頗為經久耐用。

故事是這樣的。當時，許多人把全球金融危機歸因於美國房市泡沫破滅以及隨之而來的經濟大衰退，後者是榮枯—復甦循環的一個部分。我解釋說，經濟跟一鍋在爐子上加熱的義大利麵醬有很多共通之處。當醬汁快要滾的時候，表面會開始冒泡，當然醬汁愈濃稠愈好，可是它生成的泡沫也就愈大。

大多數人都已經觀察到，當義大利麵醬的泡沫破掉時，底下會瞬間出現一個凹陷的坑洞。這個坑洞有多大？就跟泡沫的大小一模一樣。這不是隨意發生的事情。美國房地產泡沫破滅，已經給經濟留下一個坑洞。這個坑洞有多大？就跟泡沫一樣大。

我推斷，就在二〇〇一年九一一事件發生後興起一股消費支出熱潮，美國房地產泡沫其實在那之後就已經開始了。如果美國房市泡沫花了六到七年生成，我們恐怕也需要六到七年時間才能走過坑洞底部，爬回到另一邊。換句話說，美國經濟要到二〇一四至二〇一五年才會恢復常態，而在二〇一二年便期待完全復甦是為時過早了。當我在二〇一三年六月以央行總裁的身分首次發表演說時，我認為經濟恐怕還需要兩年以上的時間，才能找到「回家」的路。對我和許多其他央行官員來說，「家」就位在通貨膨脹率為二%和充分就業的交叉點上。老實說，這個「家」更像是一個街坊，而非一個確切的地址。

結果則是，在回家的路上又多繞了一個彎，因為能源價格在二〇一四年暴跌。不過到了二〇一九年下半年，經濟已經再次接近全面運轉，失業率創下四十年來新低，通貨膨脹率也處於目標水準。真的是回家了。

然後，COVID-19 來了。

全球緊急狀況從來不會有發生的好時機。不過，面對 COVID-19 這種等級的危機，沒有比一個健康、平衡的經濟更好的起點了。正如健康強壯的人更有可能擺脫病毒，一個健康的加拿大經濟體也是如此。央行的職責是維繫那樣的健康水準，以通貨膨脹率作為核心指引，不時調整利率來協助抵消重創經濟的衝擊。

不過，中央銀行還有一個就某方面來說甚至是更根本性的工作：確保金融市場持續良好運作。為此，我在三月六日安排一次與六大銀行執行長的電話會議，以瞭解他們如何看待不斷演變的市場情勢。這個小組我每年會與他們開兩次會，每次央行資深副總裁（SDG）卡洛琳・韋金思（Carolyn Wilkins）也會一起參與。過去這些年來，這個八人小組已經發展出親密友好的私人關係，彼此的信任度很高。接下來的幾週，證明了這層關係非常重要。

我們大多已經把營運團隊分開來辦公，以防感染病毒，而銀行家們也說金融市場出現一些緊張氣氛。舉例來說，某些借款人在票券市場（公司以自己的名義發行短期票券，直接從市場上借錢）上的交易遇到困難，而利率也正在上升當中。銀行家們也觀察到自己的企業客戶所支取的信貸額度增加了。我想到的一件事是，如果經濟發生重大擾亂，人們將難以支付房貸。我問他們，碰到經濟出現嚴重衰退的時候，是否有任何推遲償還房貸的應變計畫，他們說有，但當時看來，似乎不太可能需要用到這樣的手段。

三月六日那天，我也接到財政部副部長保羅・羅尚（Paul Rochon）的來電，他已經在草擬政府可能考慮採取的經濟支援行動。那天稍晚，我也接到總理打電話來想要跟我交換意見。從這些對話可以清楚看出，在這種情況下，需要以財政政策作為首選工具。不過，我們對政府向經濟提供財務援助的各種可用管道，倒是做了大量的討論。我們討論到受影響國家譬如義大利和日本的早期例子，這些國家的主要手段是由稅務機關直接提供工資補貼給企業。令人稱奇的是，那時距離利雅德的G20會議才過了十三天。

兩天後，三月八日星期天，我們在一場由國際清算銀行（Bank for International Settlements，簡稱ＢＩＳ）主持的大型央行特別虛擬會議上，聽取來自中國、義大利與南韓的同行的第一手報告。情況已經明顯惡化，需要大幅限制經濟活動來控制病毒。讀者現在開始，將體會到事件每天不停發展的步調有多快。大多數會議都是屬於國際性會議，往往在不正常的時間舉行，並且有相當多的經驗和計畫分享。當然，政策制定者的反應不一。正忙著在自家後院救火的國家，大多使用財政政策工具。儘管在手法上有一定的共通性，但細節則因各國而異。不過從即時分享發展動態和討論各種政策選擇的利弊來看，國際間有高度的協調性。聚會發揮了預期作用——在昇平時期，這些會議提供豐富的資訊，但可能相當枯燥乏味；在危機中，它們具有至關重要的作用。

就在那個星期天的稍晚時分，我參加一位與肝癌長期奮戰後去世的密友追悼會。那是我們的社會進入一個新局面之前，我參加的最後一場社交活動。我摯友吉姆（Jim）的追悼會，從此將與我終於意識到 COVID-19 降臨的記憶如影隨形地連結起來。

接下來幾天，經濟與金融情勢似乎每小時都在惡化。加拿大央行的管理委員會〔我本人、資深副總裁韋金思和副總裁連恩（Lane）、謝布里（Schembri）、博德里（Beaudry）及格拉維爾（Gravelle）〕每天都要開幾次線上會議。其他央行正在調降利率以減緩經濟衝擊，並釋出銀行緩衝資本，使銀行有更多能力可以提高對客戶的放款。當時，我與聯準會（Federal Reserve）的傑・鮑爾（Jay Powell）、英格蘭銀行（Bank of England）的卡尼、財政部長莫諾和他的副部長羅尚、加拿大金融機構監理總署（Office of the Superintendent of Financial Institutions，簡稱OSFI）的傑若・米魯丁（Jeremy Rudin）、六大銀行執行長、八大退休基金執行長及加拿大資本市場機構的負責人保持密切聯繫。我們考量所有的市場情報，於內部討論出一系列措施來確保金融市場能持續運作。我們改變運作框架，從擬訂貨幣政策（管控經濟的通貨膨脹維持在正軌上）走向純粹的中央銀行業務，也就是維護井然有序的金融市場。

三月十三日，我們召開了一場特別諮詢委員會（Special Advisory Committee，簡稱SAC）會議。委員會由財政部副部長擔任主席，成員有央行總裁、金融機構監理總署署長、加拿大存款保險公司（Canada Deposit Insurance Corporation）的負責人，以及加拿大金融消費者管理局

（Financial Consumer Agency of Canada）。SAC旨在持續提供建言給對金融體系本身負有最終職責的財政部長。我們也和六大銀行的執行長開會，以獲取最新的市場情報。沒多久，財政部長便詢問監理總署的署長和我是否願意加入當天下午的記者會，他要在記者會上宣布新的援助經濟財政措施，而釋出團隊合作的訊息，有助於增強加拿大人對未來的信心。

「信心」這個概念非常重要。當經濟出事了，導致人們失去工作，那些人顯然會削減開支，從而使得這些失業問題影響其他部門的就業。但是那些認為自己的工作有保障的人呢？只要他們保有信心，他們就會馬照跑、舞照跳，花的錢也會跟以前差不多。倘若他們擔心問題正在擴散，而他們也有可能丟掉工作，就會減少支出，使經濟原本受到的衝擊更是雪上加霜。經濟就是這樣陷入衰退而難以跳脫。努力維持信心的目的，是要把損害降至最低。

展現出決策者正在通力合作幫助經濟度過疫情，這一點我是支持的，然而我也注意到跟財政部長一起現身記者會，在央行獨立性上可能會產生什麼樣的象徵意義。金融市場是否會觀察到央行與政府密切合作，並擔心未來的通膨會更高？在同意出席部長的記者會之前，我諮詢了管理委員會，我們認為表現出明顯可見的協調合作，能讓市場感到安心。我們也再次回到調降利率的問題上，而沒有等到下一次官方決策日期才討論，到那時已經是四個星期後了。我們得出的結論是，在財政部長宣布財政措施的同時調降利率，能對金融市場釋出一個強而有力的訊號。我們也預期美國聯準會將於隔週再次降息，因此我們同意當天稍晚再次降息兩碼，並與部長召開的記者會同一時間宣布此事。值此同時，金融機構監理總署（OSFI）那邊正在考慮縮小國內穩定緩衝區（domestic stability buffer），這是加拿大的銀行被要求持有的一層額外準備金。OSFI 決定這麼做，從而幫銀行釋放出高達三千億美元的額外放款能力。署長在同一場記者會上宣布這個消息——你可以這麼說，這是三管齊下。

整個週末，各個聯邦政府機構都在開會，也與幾位銀行執行長進行雙邊會談。三月十五日星期天下午，聯準會採取重大措施，將利率調降到有效利率底限（effective lower bound），並且推出一系列旨在支撐金融市場運作的措施。它的宣布中有一個重要部分是一項在公開市場上購買商業票據的措施，這是企業的關鍵融資管道，對銀行也很重要，因為有很多銀行已經承諾信貸額度給同樣的這些公司。如果出於某些原因，票券市場卡住不動，使得公司無法發行新的商業票據來取代到期票據，他們就會被迫動用大量的銀行信貸額度，而銀行自己也會面臨資金壓力。接下來幾天，我們深信加拿大也需要一個商業票據購買措施，央行將以市場利率買入票券來支撐市場。

三天後的三月十八日星期三，莫諾部長再度要求我跟他一起出現在媒體面前；他打算公布政府財政方案的進一步細節。即將召開記者會的訊息發布出來，裡頭提到我將會出席，市場和媒體便瘋狂臆測同時將會有另一次意外的降息。我們採取非常手段，預先宣布當天央行不會推出新的措施。

然而，央行幕僚其實正在向我們簡報最新情況，考慮到油價進一步下跌和其他可能的經濟衝擊，看來我們有可能需要拿出手邊所有的貨幣刺激措施。但我們認為，專注於確保金融市場良好運作的此時，進一步的貨幣政策舉動可以緩一緩。理想情況下，我們可以等到新的經濟分析出來，並依照預定時程在四月十五日發布下一期的《貨幣政策報告》（*Monetary Policy Report*）時再議。

接下來幾天，針對為了因應金融市場挑戰升起時所採取的市場行動，我們做了一連串調整。最後，這些行動包括一個省級債券購買方案，意思是我們宣布將買下一部分省政府借款人所發行的每一個新債券。它也包括一個商業票據購買方案和一個公司債購買方案，兩者都是直接放款給公司借款人。這每一項行動都意味著央行資產負債表的增加——當央行收購一項資產（例如公司債券），就會在負債端創造出新的流動性。這基本上是在憑空變出錢來；這麼做的根本原因是因為借款人需要更多流動性，才能確信自己可以履行日常義務而不至於違約。這跟憑空變出新的錢出來，然後強行挹注到經濟裡，以至於有太多的貨幣在追逐太少的商品，是完全不一樣的事情。當市場緊張期間，流動性需求突然暴增，會出現的風險是**太少**的貨幣在追逐太多的商品。

有些人可能會想知道，為什麼我們不立即全力啟動這些方案。有幾個原因，首先，站在中央銀行的立場，我們非常希望市場能自行解決這些問題。縮短正常的信貸程序不是中央銀行的職責，所以至少要讓市場有自行運轉的機會。

其次，其中一些干預手段過去從未使用過。跟以往的流動性操作相比，這些方案打開了將範圍更廣泛的資產轉換成現金的能力，以確保不會存在市場錯置（market dislocation）的情況。儘管它們都在央行的合法權限內，但多數時候，此舉替我們的交易員和幕僚闢出了一塊新天地。

推出一項新方案，代表央行會宣布譬如在下個星期三接受市場為了換取現金而出售某類資產（例如商業票據）的投標，這些資產必須符合特定期限下的品質標準，而且拍賣交易量設有上限。在拍賣的過程中，流動性的價格便會從中浮現。我們需要提前制定並公布品質標準、管控投標程序、執行清算作業等等。某些情況下，僅僅宣布央行將支持某一塊市場，便足以平息局勢：提供額外的保證能令市場自行運作，而且有些方案的參與度其實並不高。

第三，其中一些方案意味著央行正在承擔信用風險。舉例來說，當央行接受一家加拿大公司發行的商業本票或公司債券，它就承擔了該公司被信用降級或甚至破產的風險，一旦此事發生，央行就會有信用損失。為了避免這種情況，傳統上政府會補償央行的潛在信用損失。雖然央行的資產負債表最終歸政府所有，但做出區分是很重要的，因為這是央行維持獨立性的基礎之一。實際上來看，這表示新的市場運作方案需要獲得來自財政部及部長正式且充分的合作。

第四，有些方案完全超出了央行的專業範疇，所以我們決定尋求外援來開發並執行這些項目。我們因而需要考量各式各樣感興趣的金融公司給我們的提案，並依據他們過去的經驗、提出的服務水準和報價來做出選擇。這需要時間。

瞭解此時的商業界正在發生什麼事情也很重要。公司正在大量動用銀行給他們的信貸額度——支付員工薪水、取得更多日常營運資金，有時則純粹只是一種預防措施，在極度不確定的時刻尋求安心之道。儘管有些人會對公司在金融危機期間囤積現金的舉動提出質疑，但這是一個很自然的風險管理手段，而各個董事會毫無疑問也正在指示管理階層這麼做。人們可能會對大公司的資產負債表上持有的流動性如此之低感到意外。盡量減少現金持有當然符合資本效率配置的原則，不過在一個動盪的世界裡，現金需求可能會突如其來地增加，信貸額度也會遭到凍結。這正是二〇〇八年發生過的狀況，而企業肯定會擔心二〇二〇年舊事重演。令人慶幸的是，信貸緊縮的情況並未發生。

當公司動用銀行的信貸額度，銀行便必須從某個地方籌集資金。按慣例，他們會增加自己在市場上發行的債券，但由於債券市場也幾乎被凍結了，銀行故而轉向加拿大央行尋求資金，透過附買回交易（repurchase agreement）來抵押擔保品。與其在市場上出售資產，不如拿來當成擔保品提供給加拿大央行，以換取即時現金，銀行則同意於指定日期買回擔保品。加拿大央行在壓力期間對其擔保品指引做了一些調整，從而透過這些回購操作確保系統擁有所需的所有流動性。結果當然就是央行的資產負債表膨脹了。一個促成因素是票券市場陷入瓶頸，而慣常使用這個市場的企業也轉而動用他們的銀行信貸額度。央行透過提供便捷的流動性管道給銀行，並作為商業票據的最後買家，便可以在不只一個面向及不同參與者之間緩解市場的壓力。

值此同時，國際情勢並沒有止息。包括加拿大央行在內，有幾家央行在三月二十日聯合起來，對全球市場加強供應美元流動性。接著，在三月二十四日，七大工業國（G7）的財政部長及央行總裁發表了一份聯合聲明，強調我們每週都在開會，並且將「採取任何必要措施來恢復信心和經濟成長，並保護就業、企業及金融市場的韌性」。包括聯準會在內，已有幾家央行將利率下調至有效利率底限，但加拿大還尚未調動。這在我們的貨幣市場的短期端造成一種奇怪的扭曲現象：因為市場壓力已經使短期利率低於央行的隔夜利率，市場交易商購買政府債庫存所付出的資金成本，比他們從債券上賺到的收益還高。因此管理委員會認為系統不能等到四月十五日了，我們應該將利率降到〇・二五％的有效利率底限。我們看中的是三月二十七日這天，也就是接下來的這個星期五。

除了已經提到的各種流動性方案之外，我們還承諾以至少每週五十億美元的速度來購買加拿大政府債券，以支撐整個系統的流動性。我們認為採用「至少」一詞是必要的，按照其他央行過去的經驗，使用「最多」這個字眼造成了爭搶流動性的現象，因為市場會擔心是否還有更多資金可用。對市場干預手段設定上限似乎總不免會遇到這個問題，所以我們採用「至少」的概念，沒有設定此一方案的上限。反之，我們說我們會以這樣的速度持續購入債券，直到經濟復甦順利展開為止。一旦市場錯置的現象消失，這種大規模資產購買計畫（large-scale asset purchases，簡稱 LSAP）便能發揮我們從關注市場功能轉向重新關注貨幣政策的橋接作用。

與此同時，財政部長正在準備宣布更多財政政策細節，並再一次邀請我共同召開聯合記者會。管理委員會又再一次討論了這個爭議課題，我們非常清楚人們很可能會認為這些聯合記者會正在侵蝕貨幣政策的獨立性。由於央行擁有放款的權力，但沒有花錢的權力，所以他們能採行的工具是構築在這種獨立性的基礎上。加拿大政府向來堅守維護央行獨立性的承諾，即便《加拿大銀行法》（Bank of Canada Act）裡並未如此明文規定，而我們再次看到強調國內政策協調性的好處。

既然公告利率的事已經箭在弦上，我們於是依照原訂時程在三月二十七日上午單獨宣布此事。那天下午，我和財政部長一起出席他的記者會，並回答一些額外問題。席間與一位記者的交流尤其令我難忘。因為我們已經宣布每週至少五十億美元的政府債券購買方案，因此我被問到是否考慮設上限，我直接了當地回答說這個方案不會有上限。該名記者接著問我這麼做會不會有點過頭了，我的回答奠定了我愛用譬喻的名聲：「消防員從來沒有因為用了太多水而遭到批評。」幸運的是，接下來幾天，市場的冷靜情緒持續蔓延；危機得以化解。

回顧過往，顯然有幾個重要因素遏制了因為 COVID-19 擴散所爆發的金融危機。未來隨著構造力製造出更多經濟與金融地震，這些教訓將被證明能派上用場。首先，經濟已經「回家了」——具有韌性來迎向衝擊——是有幫助的。第二，與其他國家的協調非常重要，與其說是模仿他國的政策，不如說是在比較政策選項、彼此學習，並完善溝通方式。第三，迅速地大規模導入危機管理工具，而不是像二〇〇八年那樣循序漸進，有助於快速化解危機。這些都是從危機管理邁向促進經濟復甦所不可或缺的要素。

奠定經濟復甦的基礎

危機管理工具公布後會出現的一個問題是，評論員開始把銀行對加拿大政府債券的大規模資產購買計畫（LSAP）稱為「量化寬鬆」(quantitative easing，簡稱 QE)。儘管 LSAP 在操作上和 QE 是一樣的，但我拒絕在危機期間使用「QE」一詞，因為 LSAP 的目標僅限於確保市場良好運作。其實，我們是在確定這艘船能從暴風雨中存活下來，而不是要討論船應該駛往哪個方向。LSAP 是一種維持市場運作的工具，QE 則是一種貨幣政策，旨在於市場運作良好時影響利率走向。我們的打算是一旦市場運作恢復正常，而且央行的注意力可以從市場干預手段回到貨幣政策制定時，就切換成使用「QE」這個字眼。

LSAP 和 QE 之間的差異可能形式勝於實質，不過至少對我來說，這是一個很重要的區別。目標放在確保市場運作良好的 LSAP，可以依其必要而增減，端看升起的市場壓力而定；QE無關市場運作功能，而與貨幣政策有關。QE是運用非常規的手段，把降息的效應從隔夜利率擴大到收益率曲線更久的長期利率上，為經濟注入更多貨幣刺激，因此QE通常會以一個長期利率目標來表示。當隔夜利率實際上為零的時候，長期利率也有可能已經被拉低到理論上的最低點，隨著債券的到期時間愈長，利率會逐漸上升。考慮到五年期債券收益率在驅動加拿大五年期房貸利率上的重要性，而這又是貨幣政策傳導機制的一個關鍵部分，量化寬鬆計畫可以把目標鎖定在讓五年期債券收益率多降一點。舉例來說，把隔夜利率調降一百五十個基點，可能只能讓五年期房貸利率減少五十或七十五個基點，而實施量化寬鬆計畫就能促成家庭享有更多的利率減免。

最後，QE也許可以把目標放在「收益曲線控制」（yield curve control）上——實際上就是管理整個收益曲線在某個時間點的位置。這可以靠著把量化寬鬆購買分散在所有各種到期期限的政府債務上。量化寬鬆政策通常會伴隨著「前瞻指引」（forward guidance）聲明，述明操作的規模和持續時間。這類承諾會描述未來買入債務的速度，表示的方式若不是以特定的時間框架，不然就是取決於特定的經濟或通膨結果。在這些情況下，我們在三月二十七日說到，我們每週買入五十億美元政府債務的方案將持續下去，「直到經濟復甦順利展開為止」。這給了市場信心，知道我們不會任意停止刺激措施，而是會公開討論經濟的演變，並持續檢討這項方案。

接下來兩週，我們全力準備四月分的《貨幣政策報告》。由於我們已經清楚表明○．

二五%是有效利率底限，而且無意將利率調降為負，所以沒有任何利率措施需要決定。有了財政政策領軍穩定經濟，我有信心我們不需要訴諸負利率來撐住經濟不再惡化；負利率會被當成是最後的手段。幕僚向我們更新了他們對經濟的看法，運用了依據高頻率數據源所新開發出來的各種經濟模型，並建構出替代的經濟情境供管理委員會參考。為了遏止 COVID-19 的傳播，經濟活動已經停止下來，典型的經濟指標有可能會以前所未有的方式暴跌。當限制鬆綁之後，我們知道我們會看到反彈，可是實際的復甦將取決於停擺持續的時間長短，以及經濟信心受挫的效應是否會擴散到關閉的行業之外。我們決定，初期階段不要嘗試從這個分析中萃取出精確的預測，而是提供一個停擺時間短暫的情境，以及另一個停擺延續數月的情境。這種做法給出的是未來兩年的廣泛可能性，而非一組預測數字。這是一個有爭議的決定，因為央行向來提供的是政策期程範圍（兩年）內對經濟與通貨膨脹的具體預測數字，而市場和評論員都在期待這些數字出現。

社會不乏其他來源的經濟預測，而且預測的一天比一天負面，從「比全球金融危機更糟糕」進展到「二次大戰以來最大的衰退」，再到「大蕭條以來最大的一次經濟下滑」。這種報導讓我感到不妥適，因為消費者和企業的信心是很脆弱的。

在我看來，和過去事件比較完全沒有幫助，因為這些比較是基於算術運算而非根本原因。拿蘋果來和橘子比較是沒有意義的。沒有人需要經濟學家來告訴他們，我們正面臨經濟活動的大幅減少。但按照慣例，衰退（recession）的定義是至少連續兩個季度的經濟成長率為負，而當時並不清楚二〇二〇年是否會達到這個標準，更重要的是，這個定義並沒有提到經濟的根本情況。經濟衰退是一種動態現象，在一個需要時間形成自我強化的負面循環裡，需求出於某種原因下滑，公司裁員，信心跌落，人們減少購物，更多公司裁掉更多員工，經濟需要修復才能逆轉循環。而蕭條（depression）甚至更糟糕：它更深入、更長久，而且會發生是因為通貨膨脹和債務交互作用，導致企業甚至金融機構普遍違約。不管是衰退還是蕭條，都不是一個簡單的數字化標準可以道盡；這兩個術語皆不適用於經濟體發生機械化停擺（可以說是試圖停止時鐘）然後再重新啟動的狀況。以前從來沒有人試圖停止時鐘，因此與其把大流行病造成的低迷描述成「大蕭條以來最嚴重的不景氣」，或許應該形容它是「有史以來最短暫的衰退」。在多數先進經濟體中，經濟在三月和四月出現萎縮，並從五月開始再度成長。到二〇二〇年底，經濟活動便已回到COVID-19前水準的九七％或更高。

COVID-19導致的低迷在歷史上是獨一無二的，這不僅因為它的根本性質之故，也因為當局推出迅速有力的財政因應措施。在加拿大，大部分援助都是針對個人，發揮了防止負面傳染造成真正衰退的作用。這些財政措施的設計是有彈性的，可以視經濟最終遭受的衝擊規模來擴大或縮小。這種彈性使得它們非常不適合做簡單的數字化測量——政府支出的額度取決於經濟受創的程度有多深。這種特色也意味著沒有必要終止這些措施，因為隨著經濟回到比較正常的成長軌道，它們自己就會逐步退場。此外，工資補貼的目的是要維持雇主與員工之間的僱傭關係，以便防疫措施解除後，經濟活動能迅速回升。加拿大的主要銀行在實施穩定措施方面扮演重要的角色，大幅擴大既有客戶的信貸規模，也提供小企業新的貸款。

這個情況和經濟大蕭條是截然不同的，大蕭條時政策制定者幾乎沒有做出什麼反應，某些政府甚至雪上加霜，實施保護主義的國際貿易政策。在我看來，COVID-19 事件更像是一場自然災害而非典型的經濟衰退，而自然災害的復原通常相當迅速且強健。果不其然，大多數經濟體已經展現出從停擺恢復過來的良好能力，超出經濟學家的預期。

後疫情時代的思考

疫情留下了累累疤痕。長時間失業導致勞工技能退化；公司消失；購物習慣改變；體驗過虛擬會議的力量後，旅行永遠不會和以前一樣；在家工作將成為許多人生活中一個更重要的元素。

一個可能持續數年的 K 型或雙軌經濟出現了，其中永久受創的行業在 K 型的底部徘徊，例如電子零售業更為爆發性成長，為電子訂單物流中心和配送服務創造出更多就業機會，而曾經從事實體零售工作的勞工同樣夠格做這些工作。加拿大在疫情爆發的前幾個月失去將近十二萬家公司，公司數量減少一三%。不過到二〇二〇年夏天，新公司的創建速度開始超越公司退場速度，那年年底，公司的數量已經恢復到大約八萬五千家，比前一年的減少水準少了將近三%。這種企業生命力是熊彼得所謂的創造性破壞的過程正在進行中的表現，同時也是經濟體具有潛在韌性的見證。很少人意識到加拿大的經濟每個月會摧毀和創造大約四萬家公司，而遭逢重大干擾後的復原過程可能會顯得出奇的快。

即便如此，我們強烈地感覺到，COVID-19 已經令我們的一些構造力加快速度，這將在未來幾年考驗經濟的彈性。首先，債務累積已經上升到一九四〇年代中期以來未曾有過的水準，尤其是政府債務。其次，新技術的部署腳步明顯加快，其中一個促成因素是因為 COVID-19 的關係，生產工人之間的距離需要拉開一點，而現在正是把更多自動化機器人引進工廠車間的一個好時機。加快部署意味著將有更多勞工失業，把更多人推向 K 型經濟的底端。第三，這些發展將加劇經濟不平等的憂慮，清楚可見，COVID-19 已經對收入底層的人造成最嚴重的損失，尤其是女性。第四，很多政府已經聲明，他們將在重建階段致力於推動綠色環保轉型——切莫浪費了這場危機，可得用它來做一些根本有益的事。最後，坊間的證據顯示，可能因為對未來經濟前景的不確定性升高，疫情期間的生育率恐怕已經下降。如果這層效應沒有被後 COVID-19 時期的一波小型嬰兒潮所逆轉，那麼人口老化也將有可能因為疫情而加速。

COVID-19 的衝擊將帶給我們更多教訓。對決策機構而言，這是一次非常嚴格的考驗。高階團隊的多元性在這場疫情中一再地被證明其重要性，因為人們會汲取過去的經驗與自身人脈來打這場迷霧中的戰爭。擁有大量豐富的接手人才至關重要，特別是因為我們之中總可能有人會染疫生病。危機無情地接踵而來也令人精疲力盡，尤其是在家工作時，我們有些人還要照顧年幼的家庭成員。能夠把工作分攤給一個多元的團隊真是非常有幫助的事情。同時，與其他員工保持聯繫至關重要，我們忙著處理金融市場危機的時候，他們在家裡的辦公室維持所有營運照常作業。我非常慶幸我們的技術團隊之前曾說服我大量投入於開發我們的技術能力。當時不管哪一天，我們都有超過一千五百人從遠端連線，經常是在開視訊會議，而我們只用到一半多一點的容量。誠如二〇〇八年的教訓幫助我們因應 COVID-19 危機，二〇二〇至二〇二一年的學習也將對未來的不穩定期有所助益。

投入於培養韌性的投資恐怕將變得愈來愈普遍。因為發生了 COVID-19 大流行，遙遠的未來如今更是未定之天。即便 COVID-19 逐漸淡出人們的視野，我們的五個構造力仍將再次浮上檯面，以各種方式影響日常經濟生活。展望前程，我將從中央銀行家最喜歡的主題談起：通貨膨脹的未來。

第九章
通貨膨脹的未來

憶當年：我的通膨經驗談

我在十幾歲以前，沒有想過太多關於通貨膨脹的事情。我第一次在餐桌上聽到有人提到「生活成本」，是在一九七〇年代初期。身為經濟學家，回首此事，我才明白當時通貨膨脹對我父母來說是一種新發現。他們成長於三〇年代的通貨緊縮時期，看過戰時的物資匱乏、物價上漲和配給券的使用；但從那以後，他們經歷過的只有極低的通膨和社會日趨繁榮。

到一九七〇年代中期我讀經濟學的時候，通貨膨脹已經成為社會的頭號公敵。我在一九七六年因為一門經濟學課程寫了一篇關於薪資和物價管制有效性的重要專題論文。在這之後，相對於弄懂人們的收入和利率，我對於去瞭解人們以現金或帳戶存款的形式持有多少貨幣特別感興趣。它被認為是基於傅利曼貨幣學派所設計的框架的關鍵因素，用以控制通貨膨脹。瞭解人們希望持有多少貨幣，可使央行在不增加通膨壓力的情況下，提供適當的貨幣量。在一個給定的通貨膨脹率之下，貨幣持有量將呈現出可預測的成長率；逐漸地讓貨幣供給成長率放緩到低於這個水準，將可使通貨膨脹下降。

基於此種思維的正式框架於一九七六年在加拿大央行推出，約與皮耶・杜魯道（Pierre Trudeau）政府實施薪資和物價管制的時間相當。這些政策意在發揮相輔相成的作用，並於經濟體適應較低的通貨膨脹率之時，減少其受到的干擾。不幸的是，因為貨幣持有和經濟成長及通貨膨脹之間出現脫節的現象，這個框架幾乎是馬上就遇到了挑戰。中央銀行和學者們都積極參與其中，以解決此一課題。

我於一九七八年在皇后大學寫的學士論文便需要用到一種實驗統計技術來對此取得更好的理解。正是這項成果為我打開了加拿大央行暑期工作的大門。在那裡，我學到了貨幣目標機制（monetary targeting）的實際操作遠比傅利曼簡單的相關性模型所意指的還要微妙複雜。貨幣供給的數據每週發布，比經濟數據早了幾個月。如果貨幣供給連續幾週出乎意料的下跌，它可能是經濟成長放緩、通貨膨脹減緩，或者說不定完全是其他因素造成的跡象。央行需要瞭解放緩的根本原因，才能決定是否調整利率。唯有等到幾個月後，所有經濟數據都公布了，研究人員才能運用他們的模型來調和貨幣與經濟其餘部分的行為。當他們這麼做的時候，才發現貨幣成長莫名地放緩。

這不僅僅是加拿大才有的現象。幾乎從中央銀行開始鎖定貨幣成長目標的那一天起，研究人員就很難解釋貨幣持有的行為——持有量往往低於模型預測的水準。

在結束了一九七八年在央行的暑期工讀後，我進入西安大略大學攻讀碩士及博士學位，並持續思考這個問題。我的博士論文探討一種可能的解釋：匯率變動可能會影響家庭和公司的貨幣持有量。這個想法乃基於一個觀察，亦即有愈來愈多家庭和公司開始使用加元和美元兩種貨幣。這個現象始於一九七六年底，就在匯率大幅波動以回應魁北克省選舉產生分離主義政府之後。我假設人們會在不同的通貨之間來回移轉他們的現金持有量，以便從中得利或保護自己免受匯率下一波可能變動的影響。這個假設被稱為「通貨替代」(currency substitution)，而我能夠找到支持這個想法的實證證據。

我在一九八一年回到央行擔任全職工作，我非常堅定地支持貨幣學派對通貨膨脹的解釋以及旨在控制通膨的貨幣目標機制。能夠幫助央行重新設計貨幣控制框架，以便將額外的因素譬如通貨替代及新型態銀行帳戶納入框架，從而確保貨幣仍然是政策商議及行動的核心，這對我來說猶如美夢成真。

可嘆的是，我用心良苦的研究原來帶給央行貨幣目標框架的是致命的影響。當我提出紮實的統計數據，證明貨幣的潛在需求——以現金加上傳統的支票帳戶來衡量，又稱「M1」——已經發生變化，加拿大央行管理階層得出的結論是，未來不足以靠著貨幣和通貨膨脹之間的關係來支持他們持續使用貨幣目標機制。當時的央行總裁鮑伊（Bouey）說了一句有名的話：「我們沒有放棄M1，是M1放棄了我們。」

接下來這十年間，銀行研究人員尋找一個可指導貨幣政策的替代框架，而脫穎而出的是直接通膨目標機制。自一九九一年起，加拿大央行便一直在與加拿大政府達成的一連串協議下，追求直接通膨目標機制。

直接通膨目標機制的效果良好

作為一名早在直接通膨目標機制實施以前便已對其研究許久的研究員，我發現它已有非常出色的成就。央行利率和十八至二十四個月前的通貨膨脹率之間存在著如此複雜的經濟關聯，以至於我懷疑通貨膨脹到底是否可控，除非是在很長的時間範圍下。

如先前所解釋的，由於人口統計因素之故，預計下一代的實質利率平均而言將維持在低點。這意味著將來經濟緊縮時，央行調降利率的空間會變得更小。這種靈活性的喪失是不對等的。如果經濟蓬勃發展而受到通膨上升的威脅，央行透過提高利率來控制局面是不成問題的，因為利率沒有上限；可是如果經濟突然放緩，通貨膨脹率可能跌到目標值以下，這時靠著降息讓通膨回到正軌的空間就很有限了。在其他條件相同之下，我們可以預期未來維持通膨目標的成功率會稍為降低一點。

隨著構造力帶來更多的波動，鎖定通膨目標的挑戰將變得更加艱難。由於中央銀行只能影響未來的通貨膨脹率，所以他們現在的政策乃是在預測的框架下所制訂出來的。在下一個不確定的年代裡，做出可靠的經濟預測將會變得更加困難。根據中央銀行的實際操作顯示，將來通貨膨脹率的波動性會變得更大。

通貨膨脹因為構造力而變得更不穩定是一回事，儘管更高的不確定性令人討厭，但人們是有可能識破它的；然而平均通貨膨脹率上升到一個更高的水準又是另一回事了，因為人們是看不透這件事的。即便在今天，很多人也很難相信通膨目標機制已經達到它的效果，因為官方宣布的數字二％似乎不能反映他們的個人體驗。譬如說，他們會指出，房價或車價很高就是證據。一般來說，在通貨膨脹率的衡量上，認知和現實之間存在著明顯的差距。

通貨膨脹是一種指標，用來衡量我們購買的每事每物的平均價格表現，而人們往往會忘記他們常買的許多物品價格已經逐年下降，注意力反而主要集中在價格已經上漲的東西上。再者，他們關注的是價格水準，記得很多年前的牛奶或汽油的具體價格，然後拿來跟今天做比較，形成他們對通貨膨脹的印象。他們注意自己經常購買的物品，譬如車子要用的汽油，而非汽車這種偶爾才買的東西。此外，很少有人明白統計學家在背後納入品質改善所做的調整——當某樣物品的品質提高而價格不變，統計學家會認為它的價格是下降的。

舉例來說，想想買車這件事情。我們家從一九七〇年代中期到一九九〇年代後期，有很長一段時間只有一輛車。我的第一輛車是一台漂亮的一九六八年雪佛蘭羚羊（Chevrolet Impala），車齡四年，要價一千六百美元。這台車可以讓六個人舒服地坐在裡面，除此之外，它還有一個超大行李箱。我在當DJ的那些日子裡，車上裝滿了巨大的喇叭、一台有兩個轉盤的控制台、放大器和幾百張黑膠唱片（四十五轉和LP唱片都有）。我在一九九九年買了一台供我個人使用的新車，一台豐田可樂娜（Toyota Corolla），價格不到一萬八千美元。十四年後，我的女兒要買她的第一台車，我帶她去買可樂娜，這是根據我的經驗，還有我注意到，雖然我很久前就換車了，但跟我十四年前那台可樂娜同款的車子還在路上跑。這段時間，儘管新款豐田可樂娜的性能有長足的進步，但價格跟一九九九年時基本相同，想像一下我得知此事時有多麼驚訝！又過了七年，即二〇二〇年時，可樂娜還是可以用大約一萬九千美元的價格買到，而且技術上再次有了重大改進。

這些觀察顯示，基本入門款汽車的售價過去二十年來幾乎沒有什麼變化，我們可以用加拿大統計局的官方數據來證實這一點。這段期間，消費者的消費籃（basket of goods and services，編註：裡面包括消費者會消費的各種商品及服務，通常可用其來檢視人們正常消費上價格的變動）總值增加了將近四〇%，每年幾乎正好是加拿大銀行想要的二%。相較之下，同樣的這二十年間，購買新車的物價指數總共只上漲七%，每年不到〇・四%。同期間，租賃一台新車的價格只增加一%，或每年不到〇・一%。這是事實，雖然每個跟你聊天的人都會說，這段時間以來養一台車的成本已經增加很多。

既然基本入門款汽車的品質已大幅提升，過去二十年來，它的價格指數其實是下降的。不過一國的物價指數試圖反映的是公民一般的汽車購買狀況，也就是綜合各類汽車的結果。某些類型的車輛——尤其是休旅車和皮卡車——的價格漲幅高於其他，占汽車總銷量的比重也有所增加，這些都是經銷商的商品組合中利潤比較好的車款。

另一個很多人容易忘記的通膨緊縮常見案例是電腦設備和其他數位裝置。根據同樣的官方統計數字來看，過去二十年來，電腦價格已經下跌超過九〇%。多數人可能會說這些年來換電腦的成本其實沒有什麼改變，然而在同樣這段時間裡，我們買的家用電腦性能顯著提升，而這些品質進步意味著你花五百美元，可以買到比過去來得多的電腦。因此隱含價格已經下降，而這就是反映在通膨指數中的內涵。

再來是我最喜歡的例子：電視機。我清楚記得我們在一九七八年買下第一台彩色電視機。牌子是Electrohome，在安大略省的基奇納（Kitchener）組裝，不過當時裡面主要都是JVC製的日本零件。那台十九吋電視的售價是五百四十九美元，如果電視機的價格有跟上通膨腳步的話，那麼這台電視機如今要價約為兩千美元。然而與之不同的是，我們現在可以用五百美元買到一台五十五吋平板電視，在墨西哥組裝，使用的零組件來自好幾個不同的國家（大多在亞洲）。官方統計數字顯示，二〇〇〇年成本一百美元的視聽設備，在二〇二〇年成本僅需二十一美元。全球化便是如此這般經由降低通膨來提振消費者的購買力，但這項因素並未獲得普遍的認可。我們可以花五百美元而非兩千美元買一台電視，如此一來，便能把其餘的一千五百美元花在任何我們想要的東西上。這多出來的一千五百美元是全球化對我們消費者的餽贈，支持了整個經濟的就業。

那麼人們對高通膨的認知是從何而來的呢？根據加拿大統計局的數據，造成高通膨的主要類別包括食品，尤其是肉品，其價格上漲的速度幾乎是平均通貨膨脹率的兩倍；另一個是保險，加上水費和電費——不過瓦斯費和電話費沒有；金融服務；公共交通和停車費；閱讀材料和學費；香菸。但店鋪裡的酒精飲料不算，因為它們的價格上漲得比平均通貨膨脹率慢。服裝、家電、傢俱、運動器材和玩具等類別過去二十年來平均而言都出現過通貨緊縮，主要也是拜全球化之賜。

我們必須明白，通貨膨脹目標是關於加拿大人所購買的整套商品與服務的平均通膨表現，反映的是混合了價格膨脹與價格緊縮的結果。每一個個別的價格都有自己的行為表現，而人們似乎很少注意到通貨緊縮的出現。平均而言，近三十年來，加拿大的通貨膨脹一直保持在非常接近二％的水準，偶有偏離的時候，譬如遇到能源價格或匯率的大幅波動之際。加拿大人在談判加薪時，期望幅度已經錨定在大約二％的目標。考慮到在人們隨意觀察下的通貨膨脹率遠高於此，這是很諷刺的事情。

這種通膨預期的錨定現象對經濟產生一些深刻的影響。其中一點是，如果通貨膨脹朝著任一方向偏離此一目標，一般的觀察者愈來愈會覺得無關緊要，因為他們強烈地預期央行會在背後採取果決的行動，確保通貨膨脹率在合理的時間範圍內回到二％。當經濟真的偏離軌道時，央行有很大的操作空間——它可以實施積極的政策來矯正局勢，靠的是支持者的信心，相信它不會讓通膨目標機制落入險境。

這個情況與一九七〇年代截然不同。在那個時候，央行若是對經濟中的擾動做出反應，而且這種反應看來可能會增加未來的通膨風險，觀察到的人會馬上升高他們的通膨預期。那麼央行為了振興經濟成長所做的努力幾乎肯定會遭到挫敗，因為通貨膨脹立即就提高了。

那為什麼要擔心呢？一言以蔽之：政治。

債務與通膨的交互作用

政府債務與通貨膨脹之間的關係由來已久，是大家都十分明瞭之事：從歷史上來看，政府債務大量累積之後，就會跟著爆發通貨膨脹。在單一國家裡可以看到這層關係的明顯例子，譬如一九二〇年代的德國或一九八〇年代初的阿根廷。政府和央行之間的密切關係總在這種時候啟人疑竇。中央銀行是政府的銀行家，擁有創造新貨幣的權力。央行一天到晚都在創造新貨幣，做法是買入新發行的政府債務，然後把新的貨幣提供給政府花用。如果這麼做與經濟成長率的步伐一致，通貨膨脹將穩定維持在低點。但如果政府舉債的速度快過金融市場認為可以長久維繫的速度，市場可能會消化不良，利率上升，而政府可能會在某個時候碰壁，無法向市場出售更多債務。如果央行買下比例愈來愈高的政府新債來緩解這層限制，創造出來的新貨幣很容易便超過經濟的需求。假使發生這種情況，傅利曼所謂「太多的貨幣追逐著太少的商品」的寓言成真，通貨膨脹就會上升。

政府和央行的這種密切關係是必然的：政府擁有央行，央行是政府的銀行家，他們的資產負債表交織不可分。為了幫經濟創造新的貨幣，央行必須購買政府債務——它就是這樣保持資產負債表的平衡。不過，這種關係的潛在危險不是只有在政府債務毫無節制地增加時才會發生。政府總是在為了連任做打算，而滿意的選民往往能讓現任者繼續執政。讓選民最開心的事情莫過於一個強勁的經濟，其中就業機會充足，工資也一直上漲。這使得政府有動機在選前這段期間嘗試透過額外增加支出來提振經濟。如果刺激太大，通膨的壓力上升，選民很有可能到選後才會知道。

這種緊張關係是大多數先進國家的央行被賦予操作獨立性，以追求通膨目標的原因所在。央行總裁的任期通常不受選舉週期的約束，以作為額外的防範。如果政府在選前過度刺激經濟，一個著眼於未來通膨壓力的獨立央行會調高利率，保持經濟穩定，實質上抵消了政府的努力。政府通常接受這種制衡系統，不過並非總是如此，也肯定不是各地都如此。

如第五章所述，過去二十年來，全球政府債務一直在不斷增加當中，並在COVID-19危機期間急劇膨脹。危機發生時，央行與政府密切合作，為了穩定金融市場並防止經濟成長崩盤，往往會買下大量政府債務。這種前所未有的局面，加上財政政策與貨幣政策的高度協調性，引起某些人對央行獨立性和未來通膨後果的質疑。一些關於政府債務的非傳統思維出現，被支持者冠上「現代貨幣理論」（modern monetary theory）的名號，更是助長了這層擔憂。非專業出身的讀者若以為，這種新思維給了我們一種方法緩解先進經濟體的政府在後疫情世界中所面對的債務負擔，也是無可厚非的。

這種思維的主要倡導者是史蒂芬妮．凱爾頓（Stephanie Kelton），她在二〇二〇年出版的《赤字迷思》（*The Deficit Myth*）中提出這樣的論點，認為擔心政府赤字是搞錯重點，因為政府擁有印製鈔票的權力。她主張，一個控制本國貨幣的政府永遠不會破產，因為它總是能印出更多鈔票來履行它的義務。遺憾的是，許多媒體對這個觀念的報導只有到此為止，遺漏了重要的細節，也給人一種印象是政府可以享用眾所周知的免費午餐。其中被忽略的最重要細節是，現代貨幣理論的支持者承認，如果經濟達到產能上限便須停止發行新貨幣，因為超過這個極限意味著將爆發通貨膨脹。換言之，政府只能在開始看到通貨膨脹上升以前，透過發行新貨幣來支付帳單——過了之後，他們需要循傳統方式支應花費，也就是向投資人借錢，而不是去找中央銀行。

有了這些額外的細節，我們就能看出來現代貨幣理論幾乎完全被一九三六年那時的凱因斯所料中。凱因斯在他的基礎著作中，試圖解釋當貨幣政策達到其自然極限——也就是一如凱因斯寫作時的經濟大蕭條期間，利率無法再降低的時候——經濟會發生什麼狀況。COVID-19後的世界就是這種處境。凱因斯認為，在這種情況下，貨幣政策會把利率盡可能壓低，窮盡其提振經濟成長的能力。他把這種狀況稱為「流動性陷阱」(liquidity trap)，因為如果中央銀行繼續向貨幣系統注入更多流動性，它只會停滯不動。家庭和企業不會有動力去借貸或花掉這筆錢。他認為，在這種情況下，幫助經濟恢復充分就業的唯一方式，是由政府進行赤字支出。

現代貨幣理論的倡導者提出一模一樣的建議：當利率觸底時，政府應該向中央銀行借入新創造出來的貨幣並用於經濟中，透過花錢來實現經濟復甦。現代貨幣理論既不現代，也不貨幣，因為它所設想的經濟刺激手段來自政府支出，而不管它是怎麼取得融資的。這個框架的理論內涵也很少；它根據的是將創造新貨幣的標準程序與政府資產負債表連結起來的會計學原理。

實際上，當被追問時，現代貨幣理論的倡導者會建議央行只要創造出能達成通膨目標所需的新貨幣量就好了。照此標準，央行三十年來一直在做的正是這樣的事情，只是通常沒有人會如此形容貨幣政策。反之，央行選擇一個符合經濟展望的利率，能將通膨維持在目標水準。該說法是在央行的資產負債表及新貨幣的創造速度之間建立了一層鏡像關係。如前所述，這種新貨幣的創造又直接關聯到政府債務的直接買入，從而把新的支出權力交到政府手中。這是簡單的會計學。你可以說「現代貨幣理論」和「老祖宗的智慧」對貨幣政策和財政政策來說，有著如出一轍的實務意涵。但要注意的是，如果市場開始不願意為政府的赤字進行融資，現代貨幣理論並沒有提供其他解方。

不過，歷史上發生過一個重要插曲，當時決定嘗試現代貨幣理論家今天所推薦的做法。一九六〇年代末期，越戰的資金負擔把美國政府財政壓得喘不過氣來，結果就是，那次財政—貨幣實驗造成一九七〇年代的全球「大通膨」，花了將近二十年時間才矯正過來。

「大通膨」之所以會被如此命名，是因為它演變成全球化的現象。一九五〇和一九六〇年代，大多數先進經濟體的通貨膨脹穩定維持在低點。在這個時代，很多經濟學家相信通膨與失業之間存在著一種取捨關係：藉由允許一點點的通貨膨脹上來，一個國家可以讓經濟運作得更熱，達到略為降低失業率的效果。不過，二戰後主要經濟體的通貨膨脹基本上是由美國所控制的，這是因為布列敦森林匯率體系（Bretton Woods exchange rate system）把大家都綁在一起了。在這種安排下，大多數主要貨幣都與美元掛鉤，而美元又與黃金價格掛鉤——如果一個國家的物價上漲，所有其他國家也會萬物齊漲。

一九六〇年代中期，美國苦於提供資金支持越戰，令這套制度備受壓力。軍事支出大幅增加導致政府赤字暴增，經濟出現超額需求，通膨也在上升中。美國聯準會為了壓制通膨壓力，在一九六五年底提高利率，和希望聯準會保持低利率的詹森（Lyndon Johnson）總統形成正面對決。聯準會主席威廉．麥切斯尼．馬丁（William McChesney Martin）無視詹森政府的意願，堅持維護政策獨立性，並將利率調高。當時對於通貨膨脹的前景有過一番的激辯，尤其因為有一個重要的構造力存在：全球人口正在逐步地年輕化，而嬰兒潮世代正要開始進入勞動市場。聯準會內部這場通膨辯論的最終結果，是利率只有適度地調升一些，貨幣擴張速度仍然很快，通膨壓力持續在經濟中累積。這些壓力從一九七〇年開始，在馬丁的繼任者亞瑟．伯恩斯（Arthur Burns）任職期間，才真正引起人們的重視，眾所周知，伯恩斯更能同感於戰爭帶給尼克森（Richard Nixon）政府的財政壓力。基本上，戰爭相關的政府赤字有部分是在經濟已經過熱之下，透過聯準會所創造的新貨幣來融通的。

這種結合導致美國的通膨激增至超過六％，該效應並自動擴散到了與美國維持固定匯率的國家。匯率體系在壓力之下崩潰了，不過在全球各地的通膨上升之前，儘管有的國家通膨較高，但還不至於造成體系崩盤。一九七〇年代初期，油價在阿拉伯石油禁運之後大幅攀升，加重了通膨壓力，與此同時，大多數國家的失業率也正在上升。這種失業率與通貨膨脹率雙雙上揚的組合是前所未見的，也與主流經濟模型不符，使得決策者極難理解當下正在發生的情況，更遑論控制通膨的壓力了。他們在考慮升息以降低通膨的同時，失業率上升又顯示他們應該反其道而行。

中央銀行花了超過十年時間矯正這種情況。領軍的人是保羅・伏克爾（Paul Volcker），他在一九七九年被卡特（Jimmy Carter）總統任命為美國聯準會主席，銜命控制通貨膨脹。把通膨預期帶回合理的水準，需要經歷極高的利率水準、經濟衰退、高失業率、多年的國民所得損失。那些年，伏克爾承受著極大的政治壓力，而他的前任——在一九七八年接替伯恩斯擔任主席的威廉・米勒（G. William Miller）——執掌聯準會不到兩年就成為卡特總統的財政部長，更是讓整個處境更加不易。

高通膨持續下去也是有經濟代價的，所以為了讓通膨重回控制之下，付出高昂的經濟成本被認為是值得的。高度而不穩定的通膨會導致經濟效率低下，這是因為個人和公司同樣都會在資訊不充足的情況下做出經濟與財務決策。在這種狀況下，經濟體每天產生的國民所得會比通膨較低的時候少。通貨膨脹就像是一種經濟成長稅，而這種稅會在它發生的期間累積出大量的所得損失。自一九九〇年代初期以來，通貨膨脹變得較低且趨於穩定，同時間也帶給我們較低且較穩定的失業率。

然而，必須承認一九七〇年代的大通膨對負債家庭是一種財務恩賜，其形式有兩種。第一，房地產價格大幅上揚。以多倫多為例，在一九七〇至一九八〇年間，一間普通獨棟住宅的價格上升了大約一五〇％。第二，以一九七〇年的幣值計算，在七〇年申請的房貸到了一九八〇年實際上相當於原始價值的不到一半。所以，這種組合對典型的屋主來說非常有利，尤其是那些背負房貸的屋主。沒有負債的人就不那麼幸運了。股票和尤其是債券的報酬很差；老練的投資人因為意外的高通膨付出非常高的代價，而主要資產都放在房地產上的那些不那麼富有的家庭，日子就過得很不錯。

政府經歷到的又是如何呢？由於整個一九七〇年代的累計通膨超過一〇〇%，政府未清償債務的實質價值少了一半以上。在一九八〇年代，通貨膨脹率平均每年接近八%，進一步削減了未償還政府債的價值。不過自一九九〇年代以來，平均每年通貨膨脹率非常接近二%，儘管這仍然意味著債券價值逐步遭到削減，不過債券持有人也因為利率高出通膨率許多而從中獲得補償。

簡言之，一九七〇和八〇年代的通貨膨脹，代表著有大量財富從投資人這方移轉到政府和負債家庭這方，因此也就不難明白何以政府和廣大選民可能更支持往高通膨的方向走。

危險的通膨風險雞尾酒

政府並不是有意在一九六〇年代後期製造出更快的通貨膨脹，或沒收投資人的財富來減輕自己的財政債務負擔。那個年代的主流經濟模型並沒有設想到一九七〇年代的事件（也是這些事件促使加爾布雷斯寫下了《不確定的年代》。大通膨是在一個高度不尋常的情境下，犯下有史以來最嚴重政策失誤的結果。好幾個構造力在作用當中，使決策者一頭霧水，也顛覆了他們的經濟模型：勞動力變得愈來愈年輕，相比於戰後初期，技術進步的腳步已經慢了下來，而政府債務水準正在創下新高紀錄。除此之外，這個世界還需要應付昂貴的石油和金本位國際貨幣體系的崩潰。幾乎沒有任何跡象顯示，各國政府想要在 COVID-19 大流行事過境遷後，重溫一九七〇年代的創傷。不過之前鑑別出來的構造力，再加上 COVID-19 的疫情餘波，形成了一杯危險的通膨風險雞尾酒——一個容易犯下政策錯誤的環境——是投資人應該以極為嚴肅的態度去面對的。

這種風險的根源在於第四次工業革命，看來疫情過後，它正在加快腳步。工業革命歷來都會伴隨著物價下跌的現象，如今應該也是如此。然而如我們在第三次工業革命中所看到的，預計中央銀行的通膨目標機制可以防範科技主導下的普遍通貨緊縮。在不久的將來，速度加快的技術進步應能轉化成增強的經濟產能——其實就是透過提高生產力來實現免除通膨的經濟成長。人口老化造成全球勞動力成長明顯趨緩，將成為這件事的一個限制因素。因此，技術進步將會為勞工失業和所得不平等加劇帶來更明顯的後果。這兩件事加起來，預期將成為政治人物需要處理的首要課題。

當然，政府手上有幾個可以應付這些壓力的政策選擇。最顯而易見的選項就是彈性所得重分配計畫、無條件基本收入（universal basic income，簡稱ＵＢＩ，編註：指不論工作、收入、財產等任何條件，人民皆可領取國家發放的生活津貼，作為補充收入或替代工資）計畫，或增強式失業安全網。這樣的政策也會帶來意想不到的後果，包括降低勞動參與率、提高失業率和增加雇主的成本。由於利益爭奪和模稜兩可的經濟分析會造成選民之間的隔閡，所以這類社會計畫在政治上向來不容易推動。再者，還有一個在作祟中的進一步的限制因素：整個經濟債務水準不斷上升的構造力，特別是政府部門。COVID-19後的財政狀況將使得新的社會計畫難以實施。爭論的重點可能只會單純地歸結於眼下可見的財政成本，而不管可能會有什麼樣的長期經濟效益。

我們無法預測這些政治壓力將如何解決，不過情勢顯示有較高的風險是我們最後會採行政治上可接受的政策選項，而非實際有用的政策選項。這些選項幾乎肯定會包括對國際貿易施加更多限制，以支撐較底層的所得水準。遺憾的是，如先前所討論的，去全球化不僅是一個有潛在通膨後果的政策，而且還將導致整個經濟減少更多國民所得和損失更多工作機會。這些論據可能會跟過去一樣被當成馬耳東風，因此務必要將去全球化的風險視為是未來發生高通膨風險的因素之一。

事實上，查爾斯．古德哈特（Charles Goodhart）和馬諾傑．普拉丹（Manoj Pradhan）在他們於二〇二〇年出版的《人口結構大逆轉》（*The Great Demographic Reversal*）一書中，主張這艘船已經啟航了。他們指出，過去二十五年來，在中國對外開放和全球化的推波助瀾下，全世界莫不受益於持久的通膨減緩（disinflationary）趨勢。然而一個副作用是先進經濟體很多製造業工人失去了大部分的議價能力，因為他們無法和中國或其他新興市場付出的工資競爭，這種低工資使成本和通膨上漲的固有壓力源消失了。古德哈特和普拉丹認為，這些力量的結合是過去二十年來央行成功控制通膨的大功臣。如今，如果去全球化趨勢得到更多支持，就能絆住這些力量，甚至令其逆轉。

考慮到所有這些限制因素和政治極化現象：當某些政客在競選時承諾提高通貨膨脹率，認為此舉將有助於消除今天大部分的公共債務；當政府凌駕於獨立運作的央行，務使通膨率高於目標值一小段時間；當政府折服於現代貨幣理論華而不實的誘惑力而打算放手一試；當負債累累的家庭同意也投票支持這項政策；凡此種種，會不會太牽強、太誇張了？

我認為不會。儘管我深信央行和普羅大眾並未忘記一九七〇年代的通膨教訓，但政治是一門無限可能的藝術，而且太不可預測，以至於我們無法不假思索地排除高通膨的可能性。撇開政治因素不談，構造力的潛在交互作用將製造出一種環境，即便最獨立且最立意良善的央行身在其中，也可能像一九六〇年代末期那樣犯下政策錯誤。

央行獨立性

緩解未來通膨風險的一個重要手段是擁有獨立的央行。但央行獨立性聽起來明確，實踐起來卻曖昧不明，而我們看到央行的職權正在逐漸演變，可能會平添了未來的通膨風險。

具有明文規定的央行獨立性並不普遍，在某些國家是相當新近才有的現象。在美國，基本上已經認定聯準會具有政治獨立性，因為它的決策不需經過政府批准，它也不靠政府資助其日常營運。歐洲中央銀行（European Central Bank）擁有最明確的獨立職權，這是它在一九九八年成立時所秉持的現代思維的產物；英格蘭銀行約在同一時期被賦予法定的獨立性。

加拿大央行對獨立性有著獨特的看法，它並沒有法定的獨立性，但它的通貨膨脹目標框架是一個合理的替代方案。《加拿大銀行法》規定，如果政府和央行在政策上存在嚴重的分歧，當時的政府可以下達指令，推翻央行的政策，不過財政部長必須公布他們不接受央行政策的原因，並明確指示央行必須採取什麼行動。一般認為，一旦動用這類指令，央行總裁就會請辭，因此這樣的安排在兩者之間形成一種微妙的權力平衡。這個機制是在一九六〇年代中期建立的，就在前央行總裁詹姆斯・柯恩（James Coyne）拒絕政府要求央行降息，導致一場混亂的爭執之後。今天，加拿大的貨幣政策以通膨目標制為基礎，這是央行和聯邦政府之間一項協議的主題，每五年進行一次審查與更新，而後央行在隨後的五年內秉持「營運獨立性」來追求這個目標。如果當權的政府希望接下來五年，央行以較低的失業率而非通貨膨脹率為目標，它可以霸王硬上弓，而這有可能引發金融市場的強烈反應。

無論央行獨立性是否為法律明文規定，全球金融危機和隨後的經濟大衰退都大幅提升了主要央行的信譽。因為這些正面成果，一般大眾或許對央銀太過讚譽了，並可能因此對央行抱有過高的期待。「人們將把過多的經濟結果的責任歸責於他們的中央銀行」這樣的風險已為許多人所熟知，並採取積極的措施來減緩風險，包括提高央行的透明度。更頻繁的記者會、會議紀錄、預報、對公眾諮詢重大議題等手段已經被用來強化課責性，同時也展現出央行處理相互矛盾的目標的能力。

一個具體表現是美國聯準會在二〇二〇年初決定追求更高的政策目標。聯準會向來肩負著所謂的「雙重使命」(dual mandate）：二%的通貨膨脹率和「最大就業」。未來，它將把更多力氣放在就業極大化上，並兼顧就業的品質，做法是去探究經濟的極限，直到通膨已經超過二%，到了那時才會採緊縮貨幣政策，引導通膨回到二%。聯準會過去為了防止通膨突破二%，會採取先發制人的舉動，所以現在這種結果論的做法意味著將來美國會有比較高的平均通貨膨脹率。除了為經濟結果承擔起更多責任之外，央行此舉也是基於一個前提，那就是他們對通貨膨脹率握有相當大的技術性控制能力。

這種貨幣政策目標的完善化是否會普及到其他國家還有待觀察，但有鑑於美國對全球經濟和金融市場的重要性，以及其中央銀行在智識上的影響力，這些考慮因素會進一步增加全球通膨的上檔風險。重要的是，由於過去這十年央行讓通膨達到目標已經很費力了，其具有密切控制通膨的能力的假定尚未得到證明。控制通膨要靠良性循環：穩定的通膨指的就是錨定通膨預期（anchored inflation expectations），進而為央行創造出最大的操作空間。只要良性循環仍然是可靠的，那麼貨幣政策自然會往這個方向走。不過假使通膨預期顯示出脫錨（de-anchoring）的跡象，中央銀行控制通膨的能力就會受到影響，從而可能犯下更大的政策失誤。在要求中央銀行追求更有雄心壯志的目標前，那些尚未立法明文規定央行獨立性的國家，恐怕得先完成這件事才是明智之舉。

COVID-19 疫情大流行已經戳到央行獨立性此一課題的痛處。隨著全球的利率已經降到不能再更低，當 COVID-19 來襲時，就要靠著政府運用財政支出以協助穩定經濟。這必然會令財政與貨幣當局之間發展出更為明確的夥伴關係。政府發行數量龐大的債務，其中有一大塊被中央銀行收購下來，以維持貨幣體系的流動性，而政府則向市場保證債務清償仍在可控範圍內，因為利率會維持在低點。隨著經濟和利率回歸常態，這種微妙的平衡很容易被打破。這樣的緊張關係可能會導致「財政支配」（fiscal dominance）下的貨幣政策——亦即政府相對容易仰賴他們的央行維持低利率更長的時間，從而使通貨膨脹率高出目標水準，以減輕公共債務的負擔。在這種情況下，政府有強烈的動機去明確申明央行的獨立性；如果他們做不到這一點，通膨預期將會上升，推高利率，並使他們的財政方案難以為繼。

構造力的匯合注定為通貨膨脹帶來更大的變動性和不可預測性，即便最有可能的結果還是會回到平均約為二％的通貨膨脹率。投資人需要認識到，構造力調出一杯有潛在危險性的通膨風險雞尾酒，尤其是在這些條件下，極化政治的因素也被混入配方裡。因此個人、公司和投資人未來在做規劃時，考量通貨膨脹率為二％是適當的，不過也要做好準備因應更高的通膨變動性，承認全球通膨加劇的風險比前一代人來得更大。某些新興市場的財政和制度能力因為疫情承受巨大的壓力，這種情況尤其明顯。

第四次工業革命的影響，加上疫情後經濟對人力安排的重新優化，將使得通膨前景加倍地不確定。技術進步將導致通膨走低的傾向，就跟一九九〇年代發生的情況一樣。同樣地，疫情期間的在家工作體驗正在帶著我們走向混合工作模式，使雇主和員工同樣都能擁有更多選擇，這幾乎肯定會提振生產力並進一步降低通膨。然而這些效果都無法量化，只能留待央行自己去判斷衝擊通膨的多種複雜力量。

明確背書央行獨立性並支持通膨持續保持低水準的政府，將能享有穩定的金融市場和持續低利率的好處。後者對債務繁重政府的財政計畫的可持續性至關重要，更別提背負房貸的家庭和資本結構中有負債的企業。通膨風險及其對利率的影響所引發的投資人情緒不容小覷。在一九八〇年代，已證明對抗通膨的可信度很難建立，而且相較之下容易喪失信用。如果允許通膨爆發，便須重新達成政治共識來遏制它，而回歸低通膨水準將會付出損失就業與所得的高額代價。經濟學的法則仍然適用。

基於上面討論到的原因，疫情後的環境正見到對通膨前景的重新關注。這恐怕是人們對比特幣愈來愈感興趣的原因之一，理論上，它的稀少性可以保護投資人免受未來通膨的影響。更多傳統的通膨避險工具如黃金和房地產在疫情後的需求也水漲船高——不同於比特幣，至少它們擁有一個優勢，即是幾個世紀以來它們已經證明自己是有效的通膨避險手段。

未來，在構造力營造的不確定環境中，即便一家追求二%通膨目標、完全獨立且立意良善的央行也將更容易犯下政策失誤。由於經濟模型並不完整，而無形的構造力正在顛覆傳統智慧，因而致使一九六〇年代末和一九七〇年代初犯下重大的政策失誤——今天，同樣的構造力正在作用當中，舊事可能重演，而受到這些錯誤最為切身影響的地方就是就業市場。

第十章
就業的未來

憶當年：畢業典禮

父母最關心的問題就是孩子未來的就業。他們要靠什麼維生？他們在學校應該念什麼科系？他們如何讓自己的未來擁有最多的選擇？等他們準備出社會的時候，有哪些工作可以做？爸媽們想很多這種事情，而孩子們卻似乎一點都不煩惱。父母的建議往往會被漠然以對，有時還會帶著敵意。

沒有什麼地方比大學畢業典禮更能凸顯這個課題了。驕傲的雙親看著他們多年的付出與財務投資具體展現成一名畢業生，走過舞台。這名畢業生將運用這些投資來成就什麼？這個問題就像六月炎熱午後從垃圾掩埋場傳出的氣味一樣，飄在空中。

近年來，我有幸獲頒兩個榮譽學位。特倫特大學（Trent University）在二〇一七年授與我榮譽法學博士學位。我與這所學校並無淵源，只是在造訪彼得堡（Peterborough）的時候很欣賞他們的校園。不過，頒發這個學位背後的動機很獨特：特倫特大學在奧沙瓦有一個很大的校園，學校當局希望某個來自奧沙瓦的「有成就」之士對特倫特大學杜倫（Durham）校區的畢業生講講話。在彼得堡主校區舉辦的典禮前晚宴格外有趣，因為我們見到了幾位特倫特大學的傑出校友。我與來自附近曲線湖（Curve Lake）的第一民族（First Nations）族長凱斯·諾特（Keith Knott）相談甚歡，他也是來接受榮譽學位的。我的妻子和我過去經常去曲線湖，因為那裡離她家的度假小屋不遠，我們很喜歡逛那邊商店的藝術品和其他特色小物。特倫特大學有一個大規模的原住民研究項目。

二〇一九年，我還獲得西安大略大學的榮譽學位。獲頒學位的動機類似，但還有個重要之處是我的經濟學博士學位是將近四十年前在西大取得的。我還記得一九七八年第一次看到西大校園的情景，一切恍如昨日。開車沿著里奇蒙街（Richmond）往上走，穿過那些莊嚴的大門，看著一路延綿到山頂的那些早先建築的景色，仍令我感到激動不已。就建築上來講，西大和皇后大學形成鮮明的對比，但我對後者總是懷有深深的依戀。我想大多數人對一個念了四年大學的地方都會這樣，那似乎是一段改變人生的時光。說老實話，在我住過的所有地方當中，金士頓仍然是我的最愛。我還記得我父親第一次開車送我到皇后大學的情景，當時我們不確定是不是已經抵達了，原因是什麼呢？因為這所大學沒有大門——你就是開到那裡，然後開始注意到那些美麗而古老的石灰石建築。

這些自豪的西大畢業生，前程無疑充滿了無限可能性，我苦苦思索著要傳達給他們的訊息。我想起一九七四年我從奧沙瓦的高中畢業，當時的經濟狀況特別緊繃，而加爾布雷斯那時正在為ＢＢＣ製作他的系列節目《不確定的年代》。結果發現，我在高中畢業典禮上對著包括我未來配偶在內的同學們所做的畢業生致詞，談的就是那個時代的經濟。我在對經濟學沒有一絲一毫真正的瞭解下，就建議他們說艱困的經濟形勢不會長此以往，因為有一些正在發揮作用的力量將扭轉乾坤。結果……終於證明我說的沒錯。

時間快轉到二〇一〇年代後期，我發現自己帶著類似的想法回到西大，如今這些想法被我的訓練和我自己的經驗給擴大了，又或許是釐清了。我試著幫助畢業生們改變框架，從「我知道什麼，我將如何運用所學？」轉向「現在我已經學會如何學習，接下來我需要學習什麼？」習慣了多年來的死記硬背，這是個很難做到的轉變，但在今天快速變遷的世界裡，那些學會如何學習的人肯定能獲得成功，一路領先。這些畢業生將需要比我在職業生涯中更頻繁地適應經濟變化和就業中斷，因此我這麼建議：養成學習的習慣。學會如何向他人學習，因為這遠比你自己摸索來得更有效率——面對現實吧，和某個領域的從業者聊天三十分鐘，你可以學到比遍覽群籍更多的東西。

在西大的畢業典禮上，我尤其幸運可以向工程系的畢業生致詞。做了一輩子的科幻小說迷和學生，我知道這些畢業生沒有什麼好擔心的。在《星際爭霸戰》裡，無論冒出什麼問題，無論主要人物發揮了多少智力，到頭來總是要靠史考提或鷹眼（Geordi，編註：在星艦上擔任總工程師）或邁爾斯（Miles，編註：在星艦上擔任傳送長），或一票善於學習新知並能即刻用上的星艦工程師一員來解決。我這麼告訴他們，也是講給自豪的父母們聽。我肯定這不是他們在這種正式場合裡，期待聽到中央銀行總裁講的話。工作將是我們的五個構造力最重要也最切身相關的交會點，因為勞動市場與一切息息相關。比起過去，未來的不確定性將被極其放大，實質上沒有人能自外於這五種構造力和連帶波動性的影響。

勞動市場似乎從來不曾享有片刻的平衡與寧靜，總是會發生什麼事情讓它變得動盪不安。可將勞動市場的壓力看成是經由兩種不同管道產生：經濟波動對就業市場的經常性短暫衝擊，以及來自經濟的結構性或永久性變化造成的破壞。當然，在現實世界裡，這兩種情況會同時發生，而且從基層的角度來看，恐怕也不可能分辨得出來。兩者主要的差別在於波動通常是短期的，有起有落，破壞則意味著經濟轉型中的永久性失業。構造力會經由兩種管道發揮作用——交互作用的力量將使得整體的經濟波動性更大，而技術進步將永遠摧毀某些工作，同時創造出全新的工作。

工作波動性

本書的核心論點是，五種交互作用的構造力將使得經濟在未來經歷更大也更頻繁的擾動。根據定義，這樣的波動將是兩面刃，意思是對個人來說有好有壞。每一次擾動都會對勞動市場產生影響。從基層的角度來看，波動性將具體表現於出現更頻繁的解僱期，且中間不時穿插企業爭相招聘勞工的期間。這些事件恐怕會同時影響大多數經濟部門，因為我心裡想的是總體經濟層面的波動性。

有個資訊可以參考，我們一直在規律地經歷週期性衰退，大約十年一次——一九七四年、一九八一年、一九九一年、一九九八年、二〇〇八年、二〇二〇年。這些事件每一起都有不同的驅動因素，所以預測構造力會帶來什麼樣的頻率是不可能的。不過我們確實知道，這種經濟週期將更頻繁地發生，也會造成更大的影響。

只要發生總體經濟事件，無論好壞，政府及／或央行都會做出政策反應。這個世界觀察到的和個人所體驗到的，是這起事件的淨效果和政策回應的部分補償效果。理論上，是有可能設計出一個完全抵消總體經濟事件的政策，使經濟在整體上不受影響。不過這種完美從未實現過，而構造力製造出波動性更大的環境，將為政府計畫帶來更繁重的需求。這項課題將在第十二章討論，不過基於本章的目的，我將假設實際上的淨波動性將比過去更大。

公司與自己的員工一樣將會感受到波動性升高，因為當經濟疲軟時，公司會做出裁員的痛苦決定，等到情況好轉時，他們又要匆忙地跟其他公司競爭，以重新聘請勞工。即便波動性隨著時間過去而呈現完全對稱平衡，工作流失率上升也是有害的，因為雇主和員工都要付出很高的代價。勞動市場總是存在摩擦，主要是因為找工作和找員工所牽涉到的成本之故，而在一個更為反覆無常的世界裡，這種摩擦將會更大。

舉例來說，一家公司在業務疲軟時裁員，被資遣的員工便會另謀出路並找到其他就業機會，然後等到業務回溫時，這家公司就很難尋覓到具備適合經驗的新員工。無論經濟狀況如何，預計這種摩擦任何時候都會導致更高的失業水準。經濟學家有時候會把這種程度的失業稱為自然失業率，也認為這是在不引起通貨膨脹的情況下可達到的最低失業水準。

這種情況我們以前就見過。就美國經濟而言，普遍認為的自然失業率約在四％。當二〇一九年失業率似乎降至看似異常低的水準，但並未引發通貨膨脹時，這個看法獲得了證實。回到一九五〇和一九六〇年代，當時認為的自然失業率是五％，不過在一九七〇年代的停滯性膨脹期間，經濟與金融的波動性非常高，自然失業率也就超出六％許多。隨著通膨下跌而勞動市場也變得愈來愈有效率，近四十年來，自然失業率一直在極其緩慢地下降中。這五個構造力帶來更高的波動性，產生一個非常重要的後果，那就是摩擦性失業（frictional unemployment）將變得更高——全球自然失業率將上升。

結果就是預測到的企業波動性增加有大部分會落到勞工頭上。即使經濟成長強勁期間的工資有很大的彈性，但在景氣低迷時期大概也會如此。此外，如果經濟波動性增加意味著更多的摩擦性失業與更高的自然失業率，那麼平均而言，人們失業的時間將比過去更久。即使平均收入最後和波動性較低的經濟體相同（這是一個很大的假設），但由於勞工的就業與所得不確定性升高，他們也會覺得日子過得沒有以前好。

波動性不只是讓人愈來愈沒有安全感，還會蒙受具體實在的代價。隨著家庭負債水準上升，失業一段時間的下場也會變嚴重，譬如說，一個挪出四成收入來繳房貸的家庭，比用兩成收入還債的家庭更有可能在失業期間失去他們的家園。

毫無疑問，個人會視這種額外的經濟不確定性造成的負擔為不公平之事。眾所周知，很多勞工已經覺得所得分配不公，而隨著第四次工業革命展開，所得不平等加劇的情況看來注定會繼續下去。當刺激因素改變，行為就會跟著改變。人們將如何適應這種挑戰性更高的就業環境？

一個可能的反應是勞工也許會留在職場工作到更高齡的時候。人口老化將意味著勞動力成長趨緩，也許會使公司難以維持具有合適技能的人員配置，因此他們可能會調整薪酬制度，鼓勵員工留任的久一點。隨著正常退休年齡的到來，面臨經濟不確定性升高的家庭可能會對未來沒有安全感。他們或許經歷過夠多的負面波動，以至於沒能達成退休的儲蓄目標。換句話說，人們可能發現有必要延後退休。

勞工的另外一種可能反應是他們會嘗試與雇主協商更好的工作條件，譬如更高的工資或工作保障。一九七〇和一九八〇年代的例子是北美汽車製造商和工會之間的協議，根據該類協議，被解僱的勞工除了政府提供的失業保險外，還可以拿到部分收入。這能使得技能純熟的被裁員工人保持待命狀態，避免他們另謀他就，等到製造商恢復全線生產的時候，就可以節省徵人的時間和力氣。我將在第十三章回來討論這個構想。

多年來，先進經濟體的工會化一直在式微當中，儘管各自的經驗差異很大。大約三十年前，美國的工會密集度約為勞動力的二〇%，如今這個數字掉了一半左右。德國的工會化程度從將近三〇%下降到大約一七%，英國則從三〇%左右跌到略高於二〇%。即便是高度工會化的瑞典，其加入工會的占比也從超過九〇%減少到略高於六〇%。之所以會如此是由很多因素所造成的，包括製造部門在整個經濟的占比萎縮，以及在一九九〇年代，由於社會日益繁榮，人們普遍認為工會變得沒有那麼必要。

近年來，勞工在經濟總所得的占比一直在不斷下降中。在先進經濟體，這個比例從一九七〇年代的五五%降至最近的五〇%上下。在美國，一九八〇和一九九〇年代期間，此一比例穩定保持在六〇年代中期的水準，但在二十一世紀初開始下跌到五〇年代中期的水準。如前所述，這主要是因為技術進步和連帶的贏家通吃現象所造成的，再加上全球化的推波助瀾。它也與金融業的就業在整個經濟中的占比上升有關，因為金融部門的所得極度地往高所得者傾斜。從根本上來看，這個趨勢表現在「工資增加的速度比勞動生產力的上揚還慢」上。

這個分析提供了一股強大的推動力，喚起勞工對於工會化的興趣，無怪乎我們看到在經濟的不同領域裡，包括亞馬遜（Amazon）的某些勞工和Uber司機這類打零工的工人都在試圖組織工會。不過這不等同於預測工會真的會迎來復興，實際的結果將視勞工與公司之間如何達成妥協而定。主動幫自己的員工處理這些壓力的公司，就能避免工會的成立。重要的是，隨著構造力製造出更多經濟波動，勞雇契約的本質將發生變化。

工作中斷

構造力對工作的第二個影響是結構性中斷。未來幾十年，技術進步的持續影響將使得這種中斷成為一種永久狀態。結構性改變是創造性破壞的另一個名稱，意指一部分的經濟走向落日而另一部分經濟正要崛起的過程。這是個既直接又立即的衝擊，新技術取代了工作，改變了工作的本質，使得經濟的成長路徑傾斜。在我們的構造力當中，第四次工業革命帶來的技術進步和受氣候變遷所迫的能源轉型，將產生重大且永久的破壞性影響。

經濟幾乎總是沿著兩條軌道行進——一條是產業正在進行重組的慢速軌道，另一條則是新興產業崛起的快速軌道——經濟學家會以K型圖來表現它。任何造成工作中斷的結構性改變，都會使人們落入K型的底部，而再培訓或也許地理位置遷移可能會讓他們回到K型的頂端。構造力的匯聚恐怕意味著不管任何時刻，有更大比例的勞動人口將發現自己落入K型的底部。第四次工業革命所具備的永久性表示會有人長期處於K型底部，而且有些人或許再也無法翻身。

世界經濟論壇（WEF）在二〇二〇年針對全球勞動市場可能會如何適應第四次工業革命，進行一項特別有用的研究。該研究乃基於對二百九十一家獨特的全球化企業所做的詳盡調查，這些公司代表了世界各地約七百七十萬名員工，涵蓋占比達全球經濟八〇%的行業與國家。研究發現，雖然COVID-19的衝擊加快了就業破壞的腳步，但未來五年，技術所驅動的就業創造速度預計仍會超過破壞速度。該研究的結論是，新技術部署的速度加快，使後疫情時期重現一九九〇年代「失業型復甦」的風險升高。到二〇二五年，全球約有一五%的勞工面臨工作中斷的風險，有六%的勞工將完全被新技術所取代。據估計，到二〇二五年，約有八千五百萬個職位可能會被機器所取代。

好消息是，同樣一群企業領導者預計將有高達九千七百萬個新工作職位會被創造出來。當然，這些將會是不一樣的職缺，屬於創造性破壞的創造這一面，不過等式兩邊的效應都會出現在同樣的公司裡。足足有八四%的雇主認為有很大的機會可將工作流程數位化。他們也看見遠距工作或混合工作模式的明顯契機。

這份研究的作者們特別指出將會受到重創的工作類別，包括電腦操作員、行政助理、文書人員、數據輸入與發薪人員。處於成長軌道的領域則有譬如雲端運算、人工智慧（ＡＩ）、資料科學、加密、機器人技術、電子商務、個人照護。有趣的是，在需求日益殷切的職業別排名中，風險管理專家名列第二十位，這對於本書的核心論點來說是令人鼓舞的消息。只是ＷＥＦ提供了關於個人未來發展的細緻洞察，卻較少關注在總體或宏觀層面上所發生的調整動態。

如前所述，技術進步帶來三種調整方式。第一，新技術會中斷或摧毀現有工作。第二，它創造出前所未見的工作。第三，新技術創造了過去並不存在的收入，令經濟裡的許多產品變得更便宜的同時，也幫每個人製造出新的購買力。

不出所料，現實世界裡大部分的關注點都放在就業破壞的效應上。新工作的創造是看得到的，但沒有那麼受到媒體重視。這些新工作往往被描繪得很有技客感（geeky）或完全超出那些被新技術取代的勞工的技能水準。然而，第三種效果才遠遠具有最高的經濟重要性。由於它是看不到的，也很難證明其存在，所以幾乎沒人注意到。新技術所產生的新收入，以及價格降低所導致普遍購買力的提升，創造出整個經濟的需求增加，因為新技術提高了一般購買力，使整個經濟的需求都擴大了。因此，就業創造是全方位的發生——不管是在商品部門還是服務部門，對各行各業、各種技能水準的勞工需求都增加了。

人們對新技術的經濟影響的傳統看法，是它取代了固著於使用老方法做事的勞工，同時在新的科技產業裡開創就業機會。如WEF研究所提出的有力陳述所言，我們面臨的問題是被取代的人當中，有資格從事新創造出來的工作的人不多。一個失業的五十歲製造工人是沒辦法突然轉行去寫程式的。雖然這是個有幫助的論述，但它只有說出問題的一半，忽略了技術進步的第三個也是最重要的影響。

我們可以用一個已被廣泛研究過的真實世界案例來說明，那就是第三次工業革命。想想艾倫．葛林斯潘（Alan Greenspan）擔任美國聯準會主席的任期後半段，他面對的是繼一九九〇至一九九二年經濟衰退而來的失業型經濟復甦，特徵是經濟成長穩健而通膨低於預期。有鑑於當時實施的貨幣政策框架，利率被維持在低點的時間比先前預期的更久。我們現在知道這種政策會導致金融脆弱性的形成，這體現於全球金融危機及隨後的經濟大衰退中，不過我們暫且擱置此事不談。

正如二〇一八年夏末聯準會主席鮑爾在懷俄明州傑克森霍爾（Jackson Hole）全球央行年會上的演講所說的，美國貨幣政策在一九九〇年代中期經歷了一段高度不確定的時期。葛林斯潘主席和他的同事們發現，估算美國經濟最大的成長能力變得格外不易。當時，很多評論家覺得葛林斯潘允許通膨上升是在冒著很大的風險，因為經濟發展似乎正在逼近極限。正如葛林斯潘在二〇〇七年出版的《我們的新世界》（*The Age of Turbulence*）一書中所分享的，連當時的總統柯林頓也完全知曉經濟學家之間關於無通膨最大經濟成長率的爭辯。總統於一九九六年初再度任命葛林斯潘時，將這個議題攤在陽光下，從政治的角度來看，很多人會覺得這是個出人意表的舉動，不過如果考慮到央行總裁工作表現的話，就不會感到訝異了。根據葛林斯潘的說法，隨著經濟進入第六年的擴張期，總統積極地想要看到，經濟在成長更快、工資更高和新就業方面可以達到何種成就。

事後證明，接下來幾年確實非常幸運，經濟持續擴張，通膨也維持在低點。葛林斯潘推測，經由電腦技術的廣泛部署，經濟正要開始產生更高的生產力。這一點轉化成持續性低通膨，即使經濟爆發出新的成長與新的就業機會，令失業率降低到許多人擔心會導致通膨的水準。就算經濟模型建議葛林斯潘應該升息，但他把注意力幾乎全都放在通膨表現上，認為沒有理由提高利率，因為這會阻止經濟擴張。結果很幸運，因為經濟轉型到新技術的過程比第一次和第二次工業革命時觀察到的平順許多，當時的政策係受到更嚴格的金本位制所支配。

事後看來，我們知道大約從一九九五年開始，技術進步導致美國經濟的產能顯著提高。到了二〇〇五年，新技術的部署已經使得國民所得水準比經濟學家十年前所推測的高出十個百分點以上。不過，直到二〇〇〇年前後，預測者在做經濟展望時才開始重視這個現象，因為他們在一九九〇年代後期一再地低估經濟成長率。由於經濟成長率總是超過他們的預測值，而通貨膨脹也未能升高，所以他們上修經濟產能的估計值，因為唯有如此才能解決難題。我們現在知道，這段期間平均而言，美國經濟長期潛在成長率被低估的幅度約在每年一・二五％。葛林斯潘是在不依靠經濟模型和連貫一致的經濟預測幫助之下，憑著直覺探索經濟的新極限。

我們現在清楚知道，一九九〇至一九九二年衰退後的經濟復甦含有失業的性質，是電腦技術部署下的結果，而潛在產出水準在十年內提高一〇％則是對這種部署所帶來的社會效益一個很好的綜合指標。對消費者來說，這會以兩種形式出現。首先，較高的生產力會與較高的工資利得有關聯，雖然我們知道好處往往是被科技公司和當時的生產全球化所收割走。

其次，技術普及降低了整個經濟的成本和價格，這表示所有消費者的購買力都提高了。兩者都是需要時間的動態過程，恐怕耗時甚久。由於技術對新工作的創造趕不上工作的立即性破壞的速度，使得復甦階段看似就業低迷。

新技術的重大效益出現在第二個階段，此時，低通膨使聯準會維持低利率的時間超過所有人的預期。經濟擴張自行壯大——面對強勁成長和低利率的企業投資於新產能，從而隨著時間逐漸提高經濟的整體能力。就跟理論上宇宙裡存在著暗物質（dark matter，編註：不會吸收、反射或發出光的物質，因此人的肉眼無法看到）一樣，在大多數觀察者眼中，造成這種情況的潛在力量是無形的，當然也不可能去即時測量。在二〇〇〇年代，隨著第三次工業革命的效益全面徹底實現，美國經濟創下低失業率的新紀錄，而通膨表現仍然低於目標。

從基層來看，經濟學家觀察到在第三次工業革命期間，經濟呈現 K 型擴張。上層軌道呈現產出與就業的強勁成長，下層軌道看到的則是企業應用新技術有困難並且裁員，而這些勞工發現自己缺乏轉型到新經濟的必要技能。不過，新技術帶來更廣泛的總體經濟效益至少占國民所得的十個百分點，這是未來經濟前景的大幅躍升。經濟總所得比先前以為的可能水準高出一〇%，這不只是二〇〇五年如此，而是自此之後年年如此。僅就美國經濟而言，這便相當於多出超過兩兆美元的消費能力，年年如此，永遠如此。

這額外的兩兆美元被用於整個經濟的各方面，而且消費還在進行當中——房屋、居家修繕、汽機車、服裝、度假、外食等等——從而除了在ＩＴ和ＩＴ服務部門內創造出全新的工作之外，還增加了各行各業的就業機會。

在一九九五至二〇〇五年間，隨著新技術在全世界受到有效的運用，其他經濟體也發生一模一樣的情況。這意味著每一波技術進步都有望令通貨膨脹的表現低於目標值，擴大實質所得，提高消費，最終創造出夠多的就業機會，使大多數人從經濟成長的慢速軌道移到更快的軌道上。這個經驗與前兩次工業革命大異其趣，因為經濟體過去一直在實行基於通膨目標而非金本位制的貨幣政策。

展望第四次工業革命，一個常被引述的預測是由於無人駕駛車有望成為常態，所以卡車司機將被取代。這種結構性變化往往被描述的像是一夕之間就會發生。然而，運輸卡車的使用壽命很長，而用無人車來取代卡車的經濟考量取決於新的無人車成本有多高，以及駕駛丟了工作後，這種替換需要多久時間才能回本等等。無人車也需要被建造、監控、管理和維護；換句話說，自動駕駛車將會由人來監督。對卡車車主來說，這種基礎設施及相關服務都是要花錢的，而且將創造出許多尚不存在的新工作。把今天在路上跑的卡車換成無人車，可能需要數十年的時間。甚至可以想像這件事情將隨著卡車司機的退休速度而發生，使得現有司機的調整變得非常好處理。

即便如此，仍然值得想想，失業的卡車司機將來可能可以從事什麼工作。答案將視無人卡車的發明者、製造者、程式設計師、監控人員和維修人員會把他們的新收入花在什麼地方而定。首先，那些從事無人車相關新工作的人可能會買房子，從而製造工作機會給蓋房修房、維護暖爐、製造傢俱等的從業人員。此一情況只是略微看見了新技術導致整體收入增加的廣大總體經濟效益。就業機會被創造出來，不會只發生在新的技術行業，而是遍及整個經濟的各個領域，為失業卡車司機提供廣泛的機會。卡車司機變成暖爐技師、電工、牆面裝修工、屋頂裝修工或其他營造技工所需的技能提升，看來並非無法克服之事。遺憾的是，這種重要的就業創造型成長效應從來不曾歸功於最初的技術進步——人們只是視其為正常的經濟成長。

這正是過去每一次工業革命之後所發生的情況，但上述深入分析所證明的事情，是隨著時間過去，政策制定者愈來愈嫻熟於應對這種工作中斷。在我看來，這表示人們對第四次工業革命的潛在失業效應普遍瀰漫著一股悲觀情緒是搞錯方向了。並不是說它不會帶來痛苦，對許多家庭來說，長期間留在 K 型底部將是非常艱困的處境，尤其是那些身負重債的家庭。不過倘若政策制定者能妥善管理好第四次工業革命，光明的未來就在我們的掌握中。

人口老化與未來的工作安排

WEF對未來工作的研究還有另一項重要發現，那就是照顧服務員在將來的重要性日益增加。古德哈特和普拉丹在《人口結構大逆轉》一書中對這項議題提供了獨特的分析。隨著嬰兒潮世代年歲漸長，扶老比（old age dependency ratio）將提高，這表示可以照顧老人的年輕人變得比較少了。他們認為，老人扶養比上升意味著患有各類型失智症的人口比例增加，所需的個人照護程度遠比過去更高。儘管這表示專業照護員的需求不斷增高，但在許多家庭裡，這恐怕也意味著個人的精力將從勞動力轉移到對年老親屬的無償撫養上。不管哪一種情況，都將構成經濟成長的阻力，因為有更多人將在一個不會有生產力成長的領域裡工作。此外，除非移民人數顯著提升，否則整個勞工短缺的情況可能會很嚴重。

世界衛生組織在二〇一八年估計，全球照顧失智症患者的成本約為一兆美元，到了二〇三〇年，這個數字可能會翻倍。這是全世界所面臨的一個巨大新興問題。當然，理想的解決方案是開發出失智症的藥物療法，不過社會也應該做好準備，以因應這種療法不能及時出現的情境。

有趣的是，我們可以推測社會將如何適應這些壓力。不僅未來需要的照護員將比現在多更多，更由於失智症的性質之故，這些照護員理想上將對這份工作帶有很強的情感忠誠度。一種可能的結果是照護員每天花一部分時間陪伴每個案家，花費的時間與個案的嚴重程度成正比。有些人需要全天候的照護，讓人聯想到某種形式的機構生活，而這是一種未來幾年可能需要重大公共投資的制度系統。

交互作用的構造力將帶給後疫情的世界一個經濟與金融波動性更大的新常態。總體經濟的每一次波動都會影響到勞動市場，使得這個抽象概念變得與個人切身相關。構造力將令個人不確定性升高，表示個人決策的風險更大了。波動性則意味著人們的運氣好壞參半，得到一個平均而言還算可以的結果，可是讓人憂心忡忡的是圍繞著結果的不確定性——你是有可能在涉水走過一條平均六英寸深的小溪時溺水的。

在一個風險更高的新環境裡，個人、企業和政府都將改變他們的行為。人們將更常面臨失業，更頻繁地找新工作，並且在轉換工作的過程中花掉更多時間，從而提高了自然失業率。如果公司的行為或政府的政策沒有改變，更高的工作風險將影響重要的家庭決策，譬如買房、借債和維持多少儲蓄。換句話說，在風險更大的新常態下，人們在財務上將變得更加保守，並且會尋求政府和雇主的協助，來管理更高的風險。政府將對此做出相應的政策調整，這部分將在

第十二章中加以探討；公司也會調整他們的行為，我們將在第十三章談到這一點。

在檢視政府和企業將如何適應下一個不確定的年代之前，我們先來談談個人和家庭的另一個主要關注點：住宅。高齡人口增加、就業市場不斷受到干擾和購屋成本上升，是否有可能促使人們回到已逝年代的工作—生活安排，也就是共居幫傭模式（live-in help）？想像《唐頓莊園》裡一群忠僕在樓下工作，考利（Crawley）家族三代住在樓上，而第四代就住在不遠處的景象。影集接近尾聲時，因為所得不平等和莊園的財政日益緊繃之故，樓下的僕傭們開始顯露不滿的情緒。有沒有可能有一種類似《唐頓莊園》的安排，但具有更現代也更精密的薪酬系統，能一舉解決兩個社會問題？這個問題直接碰觸到下一章的主題：住宅。

第十一章
住宅市場的未來

憶當年：老家的房子

對我父母來說，唯一值得擁有的資產就是房地產。他們沒有實質的金融存款，也沒有工作退休金。我們家的晚餐桌上從來不曾聊股市，有的話也只是用嘲弄的口氣說「那不是我們玩得起的」。他們累積的儲蓄有大部分都是為了改善家園而變成血汗產權（sweat equity）。

一九六〇年，他們為了在加拿大這個國家打造自己的夢想家園而過度擴張支出。過程中，他們賣了格里森街的房子，和銀行簽訂一筆新建屋貸款，僱了承包商，然後按照計畫蓋房子。我父親自己做了很多建屋的活兒。我還記得被我母親視為是一項非常重要特色的下沉式客廳，一直到七年後我們搬離時，那裡的地板上還鋪著三合板，因為預算已經用完了。

在長期失業告終之際，失去那個家園，對我們家來說是一次重大的財務挫折，而售屋的收益也不足以再蓋一棟那種規模的房屋。然而，雙親再次展現他們對房地產的偏好，我們住在祖父母家的時候，他們拿賣掉夢想家園的一些錢，加上投入相當多的精力與汗水，用來改善我們的居住環境。而且過沒多久，他們便付了頭期款，在卡沃薩湖區（Kawartha Lakes region）買下一棟樸素的度假別墅。跟今天不一樣，當時擁有一棟度假屋非常便宜。我記得我的父母還是需要借錢買屋，不過金額小到賣家同意私下貸款給我們。投資血汗產權的癖好從此便轉移到那棟房產上。

祖父母雙雙去世後，老家被賣掉。分產之後，我父母又買了一套房產；後來，他們搬到一棟更大間的房子裡。他們也賣掉第一棟別墅小屋，買了另一棟稍微大一點的別墅。我父親退休後，他們為了離住在渥太華的長孫近一點，所以又搬了一次家。別墅被賣掉了，這麼多年下來，我父親在我母親去世後，再次縮小住宅的規模。他去世時，留下一筆不算豐厚的遺產，幾乎全都是房地產。

很明顯，這應該不是一個條理連貫的總體計畫，而是一連串因地制宜的優化舉動。我的雙親持有房地產的高峰期在五十歲前後，當時他們擁有一個可愛的家和湖邊一棟裝修精美的度假別墅，兩間都是直接持有。我父親年過六十之後，在持有的房產裡縮減掉了一棟大型房產，然後等我媽過世而他縮小住宅規模後，房地產持有量再砍一半。我父親從來沒有為提供退休金的雇主工作過。他的財務規劃很簡單：最大程度地增加房地產的投資，並且累積足夠的儲蓄來補貼即將領取的政府養老金。這些年來住過七棟不同的房屋和兩間別墅，這些房產提供充足的資本增值，使他們得以過著舒適的退休生活，還能留有餘裕。

若說經濟與金融波動性加劇，首當其衝的是就業市場，那麼第二個感受到影響的就是住宅市場。房市的震盪影響到每一個人，不管他們有沒有在工作。經濟不穩定將波及住宅部門的活動（買屋、賣屋和造屋），也會影響房價。

我這個年齡層的人就跟我的父母一樣大多經歷過房價上漲。房價下跌時——譬如一九九〇至一九九二年的經濟衰退和全球金融危機時——曾帶給人們一些些的挫折，但這些記憶往往在房價連綿漲勢的光芒下淡去。過往的經驗和未來之間有兩個重要的區別：第一，房市的震盪會更大，第二，波動的頻率會更高。房價漲個不停的預期將遭到翻轉，因為房價下跌的時期將更加顯眼也更令人難忘。這對人們看待住房的態度將產生明顯的影響。

房市與房價波動是一回事，房地產泡沫又是另一回事。由於價格爬升的速度一直在加快，近年來人們對住宅的焦慮程度急劇升高，尤其是疫情期間。人們自然而然地會擔心房價處於隨時可能破滅的泡沫中，並且把這個情況怪罪於央行維持低利率如此之久。

但事實上，情況遠比這複雜許多。首先，若要論斷房價處於隨時可能破滅的泡沫中，便須在考慮所有其他因素後，對房價應該是多少有個具體的理解。就這一點，分析師需要一個模型來預測在沒有投機或非理性繁榮（irrational exuberance，編註：就房市來說，是指購屋者所做的決策並非全然地理性，而是由非理性心態所控制）的情況下，房價會落在什麼水準，但正如先前所討論的，少有經濟模型能可靠到足以支持這樣的結論。而且當構造力在發揮作用的時候，模型很容易失效，今天就是這種情況。跟經濟其他部分一樣，要瞭解房市，便須瞭解構造力的動態變化，不過目標不是預測接下來會發生什麼事，而是為了管理未來更高的風險而做好準備。

居者有其屋是基石所在

在大部分已開發世界裡，居者有其屋是生活的基石。大多數主要經濟體的住宅自有率（home ownership rate）在六〇％到七〇％之間，包括美國、日本、英國、法國、義大利、墨西哥、韓國、澳洲和加拿大。在ＯＥＣＤ國家中，只有兩個國家的租屋人數高於住宅自有人數：瑞士和德國，其中約有四〇％的人是透過全額付款或申請房貸來擁有自己的家。有一些住宅自有率極高的異數，包括印度超過八〇％，中國約在九〇％上下，而羅馬尼亞則是九五％左右。各國之所以有別，某些情況下是因為文化的關係，或是要看該國的稅制是有利於住宅自有還是租屋，像是前蘇聯國家的住宅自有率很高，是因為住民以優惠條件承接國有住宅的關係。無論如何，房市幾乎對每個人來說都很重要，不管是因為他們現在是屋主，還是因為他們是租客，但希望有朝一日能成為屋主。

我自己的印象是，人類偏好自有住宅勝過租屋，是源於自己築巢的欲望，一種大自然本身灌輸給所有物種的深層驅動力。房東往往會意識到這種欲望，並且允許租客打造自己的住處，有時候，如果他們認為改造能增加出租房屋的市場價值，甚至會分攤這類項目的成本。租客當然很享受修築住處的樂趣，不過如果他們的計畫是很快就會搬走，那麼這些好處可能主要都歸屋主所有。

就自有住宅來說，修築居所的本能是最自然不過的事了，因爲修築居所既能改善住者的居住體驗，也表示可以累積傳給後代子孫的資產。我父親的理財規劃以房地產和血汗產權為主，這並非獨特的做法。他透過充分投資於房地產，並親自付出汗水勞力來為房產增值以提高回報，因而賺到了遠比把錢存在銀行更高的報酬。在那個年代，接觸股市是相當不尋常的現象，對非常小的投資人來說尤其如此。

換句話說，擁有住宅的渴望主要是出於自然的驅動力，並非政府的主意。然而綜觀歷史，政府經常出於政治目的利用這種根本的渴望，促進或以其他方式鼓勵自有住宅，還聲稱幫助人民實現夢想是他們的功勞，這就是諸如美國、荷蘭和印度等不同國家會將房貸利息納入稅收扣除額的緣故。據OECD所稱，提供這類稅收減免制度的國家中，最慷慨的國家有挪威、英國、荷蘭和瑞典，其次則是美國、比利時和加拿大。

加拿大對住宅部門的政治支持由來已久。二戰後成立加拿大抵押貸款和住房公司（Canada Mortgage and Housing Corporation，簡稱CMHC），便是源自於刺激經濟和幫助退伍軍人入住像樣住宅的願望。我的外祖父母在奧沙瓦所住的那棟戰時房屋，就是根據該計畫所建造的。隨後的政策改變，意在進一步鼓勵住宅自有。有能力通過CMHC為抵押貸款提供的保險的核保，表示由於總體風險比較低，所以銀行會更願意提供房貸。隨著時間過去，購屋所需的頭期款降低，使自有住宅的門檻更低了。

從歷史上來看，住宅投資約占一個典型經濟規模的五%。自金融危機以來，在大多數主要經濟體裡，住宅在經濟中的占比已經接近七%或八%。長期低利率政策使購屋變得更容易，也提高了市場參與度。人口老化的分析顯示這個情況可能會持續下去，有可能會長達一個世代或更久。

今天，六十多歲的人只能驚嘆於他們的孩子擁有一棟房屋所支付的利率如此之低，不過這不表示現在的年輕人付的利息比他們的爸媽少，因為房價上漲基本上已經抵消了低利率帶來的好處。事實上，房貸支出占可支配所得總額的比重——或所謂的債負比率（debt service ratio）——這些年來幾乎沒有什麼改變。這表示無論利率如何，家庭傾向於在環境允許下盡可能多買住宅。換句話說，限制不在於房貸規模大小，而在於每月支出相對於收入的多寡。

房價基本面

買房帶來兩個好處：長期居住需求獲得滿足，並得到一個累積終身權益的資產，就跟藉由擁有公司股票來獲取收益是一樣的。重要的是，房貸利率愈低，未來的住房服務在今天的價值就愈高，就好像利率低的時候，在收益流相同的情況下，一家公司的股價會更高。因此低利率有兩個不同的效果：它們使負擔房貸變得更容易，從而刺激住宅的需求，而且它們會經由資產估值的管道拉抬房價。利率和房價之間的這種交互作用，被稱為利息資本化效應（interest capitalization effect）。理論上，假定利率持平的話，建造新住宅的速度等同於人口成長速度，將會使房價大致保持不變——但要考慮以下兩個地理相關的限制。

第一個限制是容納新住宅的土地可能很稀少，在這種情況下，不斷增加的人口會因為土地成本較高而為房價帶來上漲壓力。香港和溫哥華就是明顯的例子，自然的地理限制導致較高的房價。第二個要注意的事情是，即便土地充足，位置便利的土地總是稀少的，並會隨著城市發展而變得更加不足。從歷史上看，人們一向願意花更多的錢住得離市中心近一點，以省下通勤的時間和金錢。隨著城市的範圍擴大，現有房價上漲，而且位置愈靠近市中心的房子，漲幅就愈大。不論地理形勢、處女地價格、新房屋供應量或利率水準如何，這種價格效應都會發生。

這一點被低估了。假設我們要在一個幅員廣闊的國家從無到有建設一座新城市。假設我們把所有的企業都設置在市中心，並且在以市中心向外輻射的環狀區域裡給予住宅許可。隨著愈來愈多的人被吸引到這座新城市來，市中心的營運商業空間需求將會增加。在外環郊區打造家園的人將付出較低的土地價格，但每天面臨較長的上班通勤時間。住在後來開發出來的外環區域的人，通勤時間甚至會更久，所以比起最遠的環區，人們將會願意付出更高的價格來住在近一點的環區。隨著城市發展，從郊區到市中心上班的成本不斷上升——不只發生在公共交通成本（不管搭乘距離多遠，費用可能都是固定的）上，也會體現在通勤的時間成本上，而這部分可能會很可觀。為了上班而必須通勤的距離愈長，人們就愈願意花錢住得離辦公室近一點。城市之所以存在，是為了利用人們在中心地帶一起工作時產生的綜效，所以是它們的本質決定了很多日常活動將會在城市的核心區域裡進行。因此，很多人必須每天前往那裡。

這種邏輯導致市中心的高樓大廈密集林立，而房價也呈現從市郊往市內節節高升的型態，這就是經濟學家所謂的「租金曲線」（rent curve）：一張以市郊為起點、以市中心為終點的房價圖。所有城市的租金曲線都是呈現不斷上升的趨勢，直到我們抵達市中心。城市愈大，通勤時間愈長，租金曲線在市中心的位置就愈高，無論經濟其他部分的通貨膨脹或利率可能如何，情況都是如此。

即便人口數固定不變，我們也能看到房價因應利率波動而出現顯著變動。在這個想像的世界裡，如果我們降低利率，那麼計畫著有一天買房的人就有理由早點購屋，但是資本化效應同時也導致現有房屋的價格上漲。隨著利率下降，未來住房服務的現值上升。

這種房價重估的過程很容易變得混亂失序。較低的利率也會提振需求，所以價格上漲幅度甚至會超過資本化效應所帶來的影響。計畫有朝一日買房但還不符合房貸資格的人，看到他們的夢想隨著房價上揚而遠逝，開始擔心會錯過機會。新房屋的供應可能跟不上需求增加的速度，不管是因為建設延遲，或是跟加拿大最常見的情況一樣，因為市政當局在釋出新的住宅用地以及安裝供水、下水道、瓦斯和電力方面進展緩慢。在這種情況下，房價往往會漲得更多，超出簡單的房價模型所能解釋的範圍。這些價格大幅波動吸引投資客上門，購入預售屋打算在完工後脫手獲利，或是買下房子後幾個月就轉手賣掉。房價可能會猛地上漲但缺乏持續力，很容易在後來就下跌——這對近期申請大額房貸的購屋者來說是個壞消息，因為房價掉下來以後，房屋的價值可能比房貸還低。

在現實世界裡，這兩組動態變化經常一起發生，加深了價格行為。COVID-19 大流行就是一個很好的例子，說明房市波動與構造力的關聯性。利率跌到歷史低點，經由資本化管道拉抬房價，也刺激了買氣，接著後者又把房價推得更高。與此同時，工作活動大量地從辦公室移回家中，住房需求也轉而更傾向郊區或鄉村物業。結果就是，整體房價上升，租金曲線卻變平坦了，這是因為城市外圍區域的房價上漲速度快過市中心的緣故。公司和員工發現使用虛擬平台工作的效果不差，所以這轉變有部分將是永久性的。儘管情況各有不同，但有愈來愈多人認為，我們正走向混合工作模式，在這個模式之下，一個典型員工的樣態將會是每天進辦公室工作幾天，其餘時間就在家工作。潛藏在表面下翻騰的構造力，有望在未來更大幅度地顛覆我們對房地產的看法。

地殼運動式的房市波動

幾個世代以來，似乎沒有什麼能使房價上漲的腳步慢下來。這有部分與人口增加有關，尤其是都市人口，同時也是因為市政當局和建商沒有能力提供足夠的建設之故。展望未來，人口統計的假設前提將發生變化，但更重要的是，五大構造力的共同作用將令房市的波動性提升至一個新的水準。對經濟成長和失業的衝擊將影響房市的活動步調和房價；利率波動則將經由資本化效應造成房價的上下起伏。簡言之，我們可以預期日益升高的波動性將印證房價可以跌也可以漲，而且這種情況將更頻繁地發生。

這種波動性更高的環境，自然會導致家庭行為發生變化。一般來說，住宅將被認為是一個風險比過去更高的投資，因為有愈來愈多人認為房價在漲跌上都變得比較不穩定。由於買房通常伴隨著不時必須展延的房貸，利率的波動加劇將增加住宅自有的風險。簡而言之，一個比較不穩定的環境有可能導致人們轉而偏好租屋而非購屋，讓房東而非家庭來承擔較高水準的風險。

這種邏輯與擁有住房的大自然本能傾向相違背。人口老化導致實質利率走低的趨勢，正在強化這種自然傾向。在沒有其他構造力的情況下，人口老化意味著住宅自有率持續升高，經濟用於房屋營造、維護與翻修的比例也會增加。它也意味著現有房屋的價格呈上升趨勢，因為即使人口老化並使實質利率維持在低點，人口數還是會持續成長。

不過，構造力的交互作用將帶給房屋銷售、價格與利率更大的不穩定性，從而增加住宅自有的風險，並可能降低房屋需求。這些影響住宅自有決定的對立因素，所造成的最終結果將取決於人們如何管理更高的風險。舉例來說，一些無意搬家的家庭便能「洞穿」房價波動性；面對被迫以突然變高的利率展延房貸的風險，可以藉由短期續約並在稍後鎖定較低利率的方式來處理；頻繁失業所造成的所得差距，也許能以持有較高儲蓄水準來管理；那些因為天價而無法擁有住房的人則可以有點耐心，等到老爸老媽不再需要用到家族房產那時（如果有的話）。

家庭債務和蕭條心態

這一切對某些人來說，可能聽起來還不錯，但就其他人來看，卻會對這整個系列事件感到不安。政府在鼓勵人們擁有房屋的同時，也是在暗中慫恿他們承擔龐大的債務，尤其是在一個住宅稀少性已經大幅提升住宅相對價值的市場上，因此許多先進經濟體的家庭債務相對於可支配所得，已經達到極高的水準。在丹麥、挪威、荷蘭、瑞士和澳洲等國家，債務所得比最高超過二〇〇%，加拿大、英國、瑞典和韓國等國通常超過一五〇%，而像美國、日本這類國家則大多落在一〇〇%的範圍內。值得注意的是，在全球金融危機之前，美國的債務比已經超過一五〇%，而該危機的核心是美國房市的劇烈動盪，同時也是家庭去槓桿化的一段時期。

對於那些像我父母一樣成長於經濟大蕭條時期的人來說，這種家庭債務水準絕對是很可怕的，而在依然重視那些經驗教訓的下一代人眼中，它仍然是一個頗為令人擔憂的問題。重要的是，此種家庭債務的總結性指標代表所有家庭的平均水準，但由於許多家庭根本沒有負債，因此有負債家庭的平均債務水準是遠遠更高的。批評者曾建議政府應該進一步限制家庭借貸，以防止將來大禍臨頭。我們並不是每次都能清楚瞭解到這種災禍的確切性質，但通常會描述一個借了太多錢的家庭為：付不出貸款，失去房子，永遠一貧如洗無法翻身。金融體系被認為很容易受到這種清算日的威脅而難以抵禦。就跟所有這類問題一樣，看待問題的方式不只一種，而以不同的方式去看待，能提供重要的觀點。

批評家庭債務之士的心裡似乎遵循著一個將近百年前就存在的標準版人生規劃，這人生規劃是這樣的：成家；生子；還沒有存夠錢買房就有擴大住宅空間的需要；他們借錢買房，以二十五到三十年的時間來還房貸，在退休之前還清房貸。他們的積蓄就是房地產，如果有必要的話，便可動用積蓄來補貼退休生活的收入。也許是在孩子離家後縮小住家規模，或也許是在退休後當包租公，並利用賣房的收益來補貼其他退休收入來源。

租屋或買房

事實證明，這個標準版人生規劃並不適用於每一個人，例如在倫敦、巴黎、雪梨、溫哥華或香港等城市，平均房價已經超過一個擁有平均所得的普通市民能存到頭期款並符合房貸資格以實現住宅自有的水準。根據保守觀察家的建議，解決方法是租屋而非買房。不過這需要找到適合家庭的住所、找到合適的房東，而且這輩子都要付房租。如果他們預計還需要額外的錢來補貼退休生活的收入，便需要在過程中建立獨立的儲蓄來源來為那一天做準備。到最後，他們還是租屋者，並且靠著退休收入和他們這輩子可以存下的積蓄過活。

檢視關於房貸的傳統思維如何影響這兩種人生規劃，是很有意思的事情。假設有個家庭在一座小而美的城市譬如蒙克頓（Moncton）成長、工作與生活，分毫不差地照著住宅自有的標準版人生規劃走；另外一個家庭則在溫哥華成長、工作與生活。溫哥華家庭發現，以他們的收入來說，房貸在二十五年或也許三十年間分期償還的慣例要求是一個無法跨越的障礙，所以他們選擇租屋而非買房。為了在退休時達到和蒙克頓家庭相同的財務狀況，那麼溫哥華家庭除了支付房租之外仍須另外存錢，才能擁有相當於蒙克頓家庭房屋累積淨值的財務儲備金。假設他們做到這一點，那麼這兩個家庭就是循著兩條不同的路線走到相同的目的地。不過遺憾的是，溫哥華家庭從未體驗到擁有自宅的樂趣，也沒有辦法裝修自己的家。

想像一下，如果我們放棄房貸必須在二十五年或三十年內償還的慣例，將會如何。假設它可以延長到四十年或五十年，或說實在的，假設它根本永遠都不必還清的話，溫哥華家庭就可以實現住宅自有的願望。溫哥華家庭再也不用一輩子都付房租給房東，而是付利息給銀行。靠著每個月償還一些本金，他們累積了住家的一些資產淨值，類似於他們在租屋時可能存下的儲蓄。他們仍然可以在退休時自由出售房屋，用收益付清剩下的貸款，過程中他們取得累積的資產淨值，成為租屋者，並且用售屋收回的資金來補貼退休收入。或者他們也可以選擇一直住在家中直到去世為止，屆時房子可以賣掉，清償剩餘貸款，累積的資產淨值則列入遺產分配。

對溫哥華家庭來說，這個計畫和終身租屋的計畫只有兩個真正的區別。首先，他們以利息的形式付「租金」給銀行而非房東；其次，他們擁有一個增值資產，從而在他們的工作生涯結束之際，能為他們的儲備金添加資本利得。事實上，在包括加拿大在內的許多國家，稅收制度的設計是更有利於住宅自有而非租屋。以稅後基礎計，租屋的人生規劃比買房還要昂貴。終身負擔房貸的溫哥華家庭基本上是和銀行合夥，成為房屋的共同擁有者，只是房屋的市場增值（或貶值）全歸該家庭所有，不會落在銀行身上。

經由消除關於債務的保守偏見，一個人便能有效地區分住宅決策和投資決策。為了不帶情感因素地分析，人們需要建構兩種人生規劃，一種是基於租屋和累積金融資產，另一種則是基於住宅自有，其中假定資產淨值累積額等同於租屋者所累積的金融資產，而不論房屋的原始購買價格如何。該分析需要以稅後為基礎進行，因為某些國家的稅制偏向住宅自有，而有些國家則有利於租屋。

在我們的高效率銀行體系中維持借貸的這種限制，無異於將昨日的道德觀強加給今日的借款人和放款人。房貸是借款人與放款人之間的事。即使某個家庭仍然住在一棟過於昂貴的屋子裡，至死都背負著房貸，這個家庭的子女也將繼承付清房貸給銀行後剩餘的房屋淨值。

另一種檢視住宅—房貸困境的方式，是不問債務相對於所得的關係，而是要看債務相對於資產的關係。債務所得比是試圖評估償債能力的一種方式，然而更適合的指標應該是債負比率——每年必須分配多少所得來支付房貸。當然，今天經驗老道的銀行非常有能力判定某個家庭是否有能力償還他們即將承擔的債務，而且假使他們判斷錯了，他們也大到足以吸收出現的任何損失。歸根結底，房貸協議是借款人與放款人之間的事情，那麼為什麼政府或監管當局要將其價值觀（順道一提，這些價值觀是基於經濟大蕭條期間發展出來的非常古老的思維）強加於這種協議上？

將這個分析與生活中另一項大型金融交易進行比較是很有趣的：買車。跟房屋一樣，我們可以將汽車看成是在提供交通服務，而它也是一種實質資產。兩者主要的差異在於汽車是貶值資產，而房屋（如果維護得當的話，就可以抵消折舊）通常是升值資產。第一個人選擇付全額買車，取得想要的交通服務，然後看著汽車的價值逐步下降至零。第二個人借錢買車，每月定期還款，大約在汽車價值接近於零的時候付完車款。第三個人租車，也是每月定期付款。這些款項實質上是在租賃期內租用交通服務；租車成本是汽車全部價值的利息加上汽車價值的折舊。當租約期滿，汽車被歸還，整個過程再次重複。

這三種情境有什麼差別呢？三個人全都支付了汽車的折舊費。第一個人預先付款。第二個人隨著時間而付款，包括利息。第三個人也付利息，但不曾擁有那輛車。他們本來為了擁車而必須交出去的儲蓄（不管是立即還是逐漸），現在可以選擇投資於別處，想必會是一項增值資產。租賃選項所做的是將交通服務和提供此類服務的資產區分開來。重點是，這三種計畫並沒有什麼實際差異——如果其中有別的話，人們會轉向最好的選擇，而競爭力量會使它們變得再次一樣。

那麼當他們三者都只是在利用一個有效率的金融體系來優化他們的個人偏好時，專家們為什麼要為了家庭因開車而背負債務感到惋惜呢？就跟房屋一樣，汽車市場上也存在著同樣的反債道德觀。

由於實質利率看來注定會停留在低點很長一段時間，家庭將有能力承擔比過去更多的債務。是否應該制定規則來防止人們這麼做呢？只有認為借款行為正在使得整個金融體系蒙受風險時，才應該考慮這一點，此時當局應該調整關於放款的監管參數，包括確保金融體系和借款家庭留有財務緩衝空間，使他們能管理就業、利率與房價波動所帶來的更高風險。不過一旦確立了這些審慎斟酌過的參數，無論人們處於生命週期的哪個階段，以道德觀來反對債務都是不應該的。

幾乎沒有什麼理由不該讓租賃你的夢想家園就跟租賃你的夢想汽車一樣簡單。將房屋所有權的逐漸累積納入一種租賃架構中是基本的算術問題，事實上，這相當於一種共有模式，其中租戶也貢獻了一連串的本金付款。將房產的資本利得分配給住戶和擁有房屋很大部分比重的金融機構，是很容易做到的事，而且住戶貢獻的居家改善和血汗權益也不難追蹤。在今日的現代金融體系中，一九三〇年代形成的負債態度已經幾乎無立足之地。

負債—權益架構

檢視債務最有力的方式是進行同類事物的比較，意思是根據資產存量來判斷負債程度。正在考慮買房或符合房貸資格的家庭，通常需要拿出至少一〇%到二〇%的頭期款。以一棟價值五十萬美元的房屋為例，取得二〇%的權益意味著支付十萬美元的頭期款和四十萬美元的抵押貸款。假定這就是當時那個家庭擁有的全部財產，那麼他們的負債權益比（debt-to-equity ratio）是多少？有些人會說是四比一，若是一〇%頭期款的話就是九比一。然而這忽略了該家庭現在擁有一筆價值五十萬美元的重要資產，因此真正的負債權益比是〇．八比一或〇．九比一，而且這僅適用於新的購屋族。

如前所述，在加拿大，家庭債務占可支配所得的比率接近一七〇%；不過償債負擔卻是所得的一五%左右，多年來大致上都是這樣的情況。可是，想想資產負債表裡資產這一邊。加拿大的家庭擁有約十四兆美元的資產，其中大約一半是金融資產，另一半是非金融資產，而金融負債只有兩兆美元左右。因此淨資產大致為十二兆美元，這是經濟總收入的五倍左右。在這十二兆美元當中，房地產占了六兆美元，相比之下，未清償房貸是一．五兆美元，其他貸款則大約〇．八兆美元。加拿大家庭房地產的總負債權益比大約是一比四，或〇．二五比一。

在商業界，處理債務的方式比家庭更具有邏輯性。一家公司為某個計畫進行融資的典型結構是六〇%的債務和四〇%的股權，負債權益比為一．五比一。企業為了支撐進行中的業務，幾乎總是綜合運用債務與股權，因為公司裡留有一些槓桿能提高投資資本的報酬。負債權益比會因產業和企業而異。在加拿大，整體經濟的負債權益比平均大約是一比一，不過介於一比一到一．五比一之間的情況非常普遍。那麼根據謹慎的債務批評人士的說法，家庭的優先負債權益比是多少呢？如此看來，那個比例應該是零比一，而且最好在退休之前便達成。

許多人在批評家庭負債的時候，會選擇忽略另外一個因素，那就是遺產效應。加拿大未清償完畢的私人房產總額接近六兆美元，相當於每人十七萬美元，或扣除未償還的房屋貸款後是十二萬五千美元。這個人均數字包括所有的人，甚至連小小孩都算在內。當一個人去世時，這筆財富並沒有被毀掉，而且大部分甚至不用課稅；它會被傳承下去。負擔龐大房貸的年輕人肯定知道，他們的父母有一天也許會留下一筆遺產給他們。當然，他們並不知道父母去世後會留下多少權益，也不知道這個情況何時會發生。但房地產是由人所擁有的，它的價值會被傳遞下去。這種影響很難計算，不過我們全都知道它會影響年輕人的行為——而且本該如此。

阿蒂夫．米安（Atif Mian）和阿米爾．蘇斐（Amir Sufi）在二〇一四年出版的《窮人為什麼變得更窮？》（*House of Debt*）一書中，以郵遞區號細分美國住宅市場，進行一次煞費苦功的分析。他們表示，在二〇〇八至二〇〇九年美國房市崩盤期間，房屋價值跌到未償還房貸以下（稱為溺水屋）的人減少了他們的消費支出，但即使在這個時候，他們也不打算賣掉房子。顯然，被迫賣屋的人最後拿到比最初貸款金額更少的錢，但一心想要保住自己的家、最後看到房價回溫並再次高於原始購買價的人，無論他們的所得水準或利率如何，都會減少日常開支。結果，美國經濟衰退得比原本可能的更深也更持久——原因不在於收入變得較低，而僅僅只是因為有些家庭感知到自己的財富減少了。這就好像在景氣低迷的時候緊縮貨幣政策一樣。

為了降低經濟體面臨房價風險的脆弱性，米安和蘇斐提倡發展一種責任共擔型房貸制

（shared-responsibility mortgage，簡稱ＳＲＭ），這個想法是讓放款人與借款人以不同的方式分擔房貸風險。若是一般的房貸，所有的風險——與利率波動、失業或房價下跌有關的風險——都是由借款人承擔。如果出了什麼問題，放款人可以把借款人逐出家門，賣掉房子。放款人其實比借款人更有能力承擔這類風險，因為他們有很大的空間來分散風險，而家庭則幾乎沒有。

根據責任共擔型房貸制（ＳＲＭ），銀行提供借款人一定程度的「下檔保護」（downside protection），借款人則承諾，將擁有房屋所產生的任何資本利得分享一部分給銀行。該物業基本上是共同擁有的，只是銀行擁有的占比會隨著時間而減少。在這樣的安排下，只要某個區域的房價下跌，每月房貸還款額也會照著相同的百分比調降。這背後，房貸的未償還本金也下降了，這是因為銀行會吸收房價下跌風險的緣故。買房者對該（如今價格變低的）房屋所享有的權益占比將保持不變。不過當房價回升時，房貸還款額和未償還本金也會恢復。

房貸放款人會想要對這類風險重分配收取比平常更高的費用，而增加的成本將視他們對房價及其典型波動幅度的預期而定。這是一個複雜的計算，但只要房屋未來有任何資本利得，可藉由調整歸於放款人的占比來輕鬆校準。根據米安和蘇斐基於美國房市歷史的分析，將任何未來資本利得的五％分配給放款人（九五％分配給家庭），用來補償放款人在ＳＲＭ中所提供的下檔風險保護還有餘。舉例來說，如果有一天屋主賣掉房子，獲得十萬美元的資本利得，其中會有五千美元歸銀行所有；就防範所有這些潛在下檔風險而言，這似乎是個很小的代價。

毫無疑問，使房貸更像股權而非純粹債務的共有制模式，意味著經濟與金融體系會更為穩定。一來，如果房貸放款人要分擔任何未來的下檔風險，他們就更不可能去助長房價泡沫的形成。再者，因為擔心錯失良機而過度擴張支出的購屋族較少，因此家庭財務的脆弱性也會變得比較小。但最重要的是，房價風險——無論是漲是跌——再也不會對經濟波動的持續性造成重大影響。此外，我們因為五個構造力而預測的風險升高浪潮，也不太可能對未來的房市產生如此深遠的影響。

未來，隨著構造力交互作用而浮現的房市壓力，可能會使得這類構想成為更受歡迎的風險管理形式。對信用合作社這種社區型金融機構來說，責任共擔或權益共享型房貸模式似乎是一個很自然的選擇。它對加拿大的大型銀行也應該具有吸引力，因為他們也能獲益於一個更穩定的金融體系和不易受影響的經濟體。

住宅是一個如此切身相關又牽動情緒的議題，想要進行客觀分析並不容易。兩個不同的家庭，可能會對兩個成本完全相同的住宅提議有著截然不同的看法。這正是房市如此特別，而且對政策制定者來說如此重要的原因所在。

構造力將為房市帶來新的不確定性。若說大多數主要城市的後疫情租金曲線變得比較平坦，不代表房價就會停止上漲。即使人口老化意味著人口淨成長將比過去緩慢，但成長仍會持續下去。由於勞動力成長放緩，加上開發中國家面臨氣候變遷的壓力，先進經濟體的淨移民數可能會增加。一座典型城市的租金曲線，現在因為通勤情況較少而變得比較平坦，但隨著城市規模擴大，仍將無可避免地恢復一路上升的走勢，就算市政當局加快邊界區域的土地開發也一樣。移民主要都是被吸引到大都市去，因為在一個日益以服務為導向的經濟裡，靠著已有規模的市場支持，新的企業方能開展業務。隨著城市變得更龐大，現有住宅的價格將再次比新建屋的價格上漲得更快。在可預見的未來，計入通膨調整後的利率可能仍然非常低，為全球房市發展及走向奠定堅實的基礎。即便如此，巨大的經濟震盪與利率波動都會影響到屋主，無論是好是壞。

懷疑論者恐怕會認為大多數國家的住宅自有率都過高了，這是過去政府推動住宅自有政策的沿革所造成的曲解。住宅自有率高通常意味著家庭債務水準很高，這會使得經濟易受利率或經濟波動的衝擊。將大部分的經濟資源用於住宅，也表示進行商業投資的能力較小，並使得整體經濟的生產力成長降低。這些全都是真的。可憐那些政治家們，認為他們知道什麼對家庭最好，並且試圖改變這一切。政策制定者可以有更好的做法，那就是針對迄今為止大多數人生活中最重大的決定來鼓勵更多的金融創新。結果將能改善風險管理，帶來顯著的總體經濟效益。

政策制定者一貫會被要求解決住宅部門的問題和其他傷及社會福祉的種種議題。構造力將如何影響政府與央行的政策，便是我接下來要談的主題。

第十二章
政策制定者肩上的重擔：風險節節升高

憶當年：政策熱情

我投身於經濟學的領域，背後的動機完全在於我想從事政策制定的工作。藉由經濟政策的實施來改善全體人民的生活，這樣的可能性深深地吸引著我。有鑑於目標崇高，我在加拿大央行的工作總是給人一種深具意義的感覺。這種感覺在總裁辦公室裡是明顯可以感受到的，實在令人驚嘆不已！

這個角色最棒的部分在於與其他央行總裁攜手合作。位於瑞士巴塞爾（Basel）的國際清算銀行（BIS）每兩個月召開一次會議，除了這個定期時程安排之外，通常每年還有兩到三次G20財長及央行總裁會議、幾次G7會議、國際貨幣基金（IMF）主辦的一年兩次會議，以及堪薩斯市聯邦準備銀行（Federal Reserve Bank of Kansas City）在懷俄明州傑克森霍爾主辦的年度夏季研討會。在大多數這些場合裡，由一小群央行總裁（美國、歐洲央行、日本、德國、法國、英國、義大利、加拿大、瑞典、比利時、中國、巴西、印度及墨西哥）組成的ＢＩＳ經濟諮詢委員會（economic consultative committee），會與ＢＩＳ總經理、ＩＭＦ總裁、經濟合作暨發展組織（ＯＥＣＤ）秘書長齊聚一堂。

在我看來，國際清算銀行的會議大概是最有成效的；Ｇ20會議雖然資訊極為豐富，但成效最差。毫無疑問，成效高低大多與會議的規模大小有關。Ｇ20會議桌上坐著超過六十位與會者，每個席次後面還坐著一位一般成員；會議上的發言往往是事前準備好的，而非即時性的互動。儘管如此，隨著時間過去，大家還是在場外建立起牢固的關係。Ｇ７會議更像是一場真實的對話。但國際清算銀行的會議，不管是在大會議室裡（約八十名總裁）或是週日晚上的小型私密晚宴上（經濟諮詢委員會的十五名成員），都促成了真正的國際政策協調。這個會議始終秉持一個準則：發生在巴塞爾的事，就留在巴塞爾。

我清楚記得自己就職幾週以後，第一次以總裁身分參加ＢＩＳ晚宴的情景。我抵達國際清算銀行大樓的頂樓，看到的第一個人是聯準會主席班．柏南克（Ben Bernanke）。我伸出手來，說：「主席先生，我是加拿大央行的史蒂夫．波洛茲。」

主席禮貌地與我握握手，輕聲地說：「史蒂夫，我知道你是誰……還有，在這裡大家都叫我班。」

那次簡單交流定調了整個氛圍。我們簡短聊聊擔任新手總裁的感受，然後英格蘭銀行總裁暨經濟諮詢委員會主席，也是這次晚宴東道主的默文．金（Mervyn King）向我們走來說：「史蒂夫！很高興又見到你，恭喜你獲得任命，歡迎來到國際清算銀行。既然這是我的最後一次晚宴，而你是第一次來，就過來和我及班一起坐吧！」說實話，我一直在捏自己，不敢相信這是真的。

多年來，我與許多其他總裁建立了密切的關係。我曾有幸與柏南克、其繼任者珍妮特．葉倫（Janet Yellen）及鮑爾共事，這三位與加拿大的關係特殊，是再清楚不過的了。每次會議，我都會跟克莉絲蒂娜．拉加德（Christine Lagarde）聊聊近況，她最先是國際貨幣基金的總裁，後來成為歐洲央行的領導人。克莉絲蒂娜不改天性，總是會問候我的妻子薇樂莉；他們兩人是在不列顛哥倫比亞省（British Columbia）惠斯勒（Whistler）舉辦的G7峰會期間認識對方的。這些會議也讓我有機會與我的前任卡尼保持密切聯繫，他曾兩次擔任「新手總裁」，而且樂於密切關注加拿大的事態發展。有一年，瑞典國家銀行（Swedish Riksbank）總裁斯特凡．英韋斯（Stefan Ingves）邀請薇樂莉和我去斯德哥爾摩參加諾貝爾獎頒獎典禮，那真是令人難忘的經驗。我至今仍留著白色領結和燕尾服，以防萬一有一天，我被邀請去《唐頓莊園》用餐。

國際清算銀行的晚宴桌是圓桌，象徵這是一場平等的餐會。事實證明，它也是我身為總裁所能運用資訊最為豐富的溝通管道。這是一個我們可以腦力激盪、分享好壞事、輕聲歡笑和建立關係的場合。座位安排每次都不一樣。有一天晚上，我坐在德國的延斯．魏德曼（Jens

Weidmann）和荷蘭的克拉斯・諾特（Klaas Knot）中間，另一晚則是在歐洲央行的馬利奧・德拉吉（Mario Draghi）和來自墨西哥的亞歷杭德羅・迪亞茲・德萊昂（Alejandro Díaz de León）之間，諸如此類；不過，人們的對話是在席間來回跳躍的，直到主席恢復秩序，主持一個針對特定主題的討論為止。隔天，我們會參加更大型的全球經濟會議（Global Economy Meeting），有更多中央銀行的代表出席。許多人際關係也在這樣的過程中熱絡發展起來。

我始終認為也希望央行業務大多能在幕後進行。當然，我堅信中央銀行需要積極的溝通和透明化的公共課責性。可是，如果這個世界透過良好的政策制定來穩定局面，長期過著平靜無波的日子，人們可能會完全忘記央行的存在——於我而言，這將是成功的象徵。

我曾見證我的前任應對全球金融危機的壓力，在過程中成為家喻戶曉的人物。當我在二〇一三年成為總裁時，我希望我的任期內不會發生這樣的事情，因為我對於自己不太為大眾所熟知，並不怎麼在意。我原以為我這樣的打算在二〇一四年正逐漸實現。當我有一次又搭乘從多倫多飛往蘇黎世的夜間航班，參加巴塞爾的例行會議時，空服員走過來為我送上飲料，認出我是之前航班的乘客。

「您為什麼這麼常飛蘇黎世呢？」她問。顯然她認出我是飛行常客，但不知道我是加拿大央行的總裁。

「噢，我定期要去巴塞爾開會。」我含糊其辭地回答她。

「您是銀行家？」

「嗯，是呀……其實我是中央銀行家。」再度語焉不詳。

「噢！我的老天！那您認識馬克・卡尼嗎？」

「嗯，事實上，我是認識他沒錯。」

「太棒了！他本人就跟電視上看起來一樣優秀嗎？他在危機中拯救了我們！」

「是啊！他是一個特別出眾的人。其實，我明天晚上就要和他一起吃晚餐。」

「讚喔！他真的是太優了……他們甚至延攬他去英格蘭銀行……說來說去，到底是誰接替他的位子啊？」

我猶豫了一下，然後說：「呃……那個人就是我。」

可以這麼說，她因為沒有認出我而感到非常抱歉，但我安慰她說本應如此——沒有危機，央行就沒有罵名，也不必擔心。

然而，那年稍晚，隨著油價暴跌和經濟遭受重大挫折，加拿大央行重新榮登新聞頭條。為了緩和衝擊，央行在二〇一五年一月調降利率，幾個月後又降息一次。由於央行及早做出果斷有力的回應，故而得以減少經濟遭受的損害。經濟在接下來的大約一年左右呈雙軌並行，不過相對迅速地回到穩定狀態。

儘管那段時期充滿挑戰與爭議，但與COVID-19的到來相比，仍是小巫見大巫。當

COVID-19危機來襲時，即使我們的ＢＩＳ會議不得已採線上進行，但先前與其他央行總裁之間建立起來的關係則是極為有助益的。卡尼退休後，鮑爾在疫情期間成為ＢＩＳ全球經濟會議的主席。在我於二〇二〇年六月的最後一次ＢＩＳ會議上，鮑爾說了些盛讚我的話，其中大部分所言屬實，然後他請大家同時開啟麥克風給我掌聲。那是個感人的時刻——雖然不太像一群密友要離別時的傳統方式，但仍然非常美好。即便到了今天，我仍與他們許多人持續維持熱切的互動。

世界各地的政策制定者當然是克盡職責來因應COVID-19。因應的積極性如此之高，令人刮目相看。最重要的是，在二〇一八至二〇二〇年間已經形成的共識——也就是貨幣政策工具幾乎已經出盡，所以全球經濟遇到任何重大衰退，都需要靠財政政策來一肩扛起重擔——獲得全球的廣泛採納，沒有引起什麼爭辯。

本章所要探討的問題，是關於後疫情經濟的財政和貨幣政策制定的未來。這必須考量疫情導致政府債務大幅增加，並探究政策制定者在未來將面臨什麼樣的壓力。疫情過去後，有些人不免會問，政策制定者是否有足夠的能耐去應付不久的將來又發生的下一個大流行病。換句話說，如果政府知道將來他們將面臨類似的事件，他們會在二〇二〇至二〇二一年間這麼積極地祭出工具，還是會保留一些財政資源？大多數觀察家似乎認為疫情大流行期間，對政策制定者所施加超乎尋常的要求是獨一無二的狀況，永遠不會再發生，除非是在戰爭期間，又幸好這種情況很罕見。然而我的主張是：在未來，五大構造力的聚合將經常把政策制定者逼到極限。

政策制定者面臨的挑戰可以從兩個層面來考慮。第一個是結構性層面：構造力將為政府計畫帶來愈來愈高的基本要求，從醫療照護到老年養老金到失業與弱勢方案等等皆然。第二個層面牽涉到日益升高的波動性和風險：構造力將相互強化並與政治結合，導致經濟與金融震盪爆發的更頻繁，這段期間，民眾自然會向政府尋求保護，大幅仰賴援助計畫。由於經濟環境變得更難理解和預測，個人和公司的日常決策將變得風險更高，因此個人和企業都指望政府和央行來管控這股日漸高漲的風險浪潮。更多的政策能量將需要被保留下來，只在必要時使用，事過境遷後則需要重建儲備能力，以備不時之需。這一切，都是從一場疫情大流行顛覆了原有的財政計畫開始的。

問題在於政府和央行是否有本事應付來自構造力的結構性壓力和因此產生的波動性。簡短的答案是，對既有的政策工具來說，即將到來的壓力有可能太過強大了。

構造力使財政負擔愈來愈重

五大構造力的存在，意味著政府的財政負擔愈來愈重，更別提經濟和金融風險浪潮預期將節節高升。提供公共財是政府的核心職責，譬如軍事防衛、警務和燈塔。這些都是私人市場幾乎從來不曾自行提供的東西，也是基礎建設投資通常會落在政府身上的原因所在。政府的另外一個典型作用是保障社會福祉，提供教育、醫療和老人照護，以及進行國民所得重分配，照顧最有需要的人。

在大多數國家，人口老化和壽命穩定增加這兩項因素將因醫療體系形成異常龐大的財政壓力。我們可以舉加拿大醫療體系的例子來說明此一基本論點。根據加拿大健康資訊研究所（Canadian Institute for Health Information）的研究顯示，過去四十年來全國醫療保健支出呈現不斷上升的趨勢，從一九七〇年代占國民所得的七%左右，增加到今日的大約一二%。不意外的是，其中有不成比例的金額是由老年人所花費掉了，大約是四四%，而他們占人口的比例卻不到二〇%。隨著嬰兒潮世代年紀漸長，需要更多照顧，未來二、三十年這種成本暴增將持續擴大。雖然隨著時間過去，其支出在不同人口統計族群之間的分配不會有太大變化，但老年人的人口占比不斷上升，將在未來幾年對醫療系統形成壓力。

一個與此相關的問題是政府的退休金制度，無論是對公務員或對一般老百姓，也將在未來三十年間面臨沉重的壓力。除了參加退休金計畫的人數眾多之外，實質利率低也令其難以獲得所需的安全報酬來支撐大多數公共退休金計畫。政府在未來仍會持續盡到支付退休金的義務，而其折算下來的現值將遠高於利率較高時的現值。

隨著人口老化導致經濟成長逐漸放緩，這一切都將會發生。只要稅率確定，無論這些稅率是適用於企業收入或個人收入，以當時幣值計算的政府收入總體成長率將相當於經濟成長率。通貨膨脹推動政府的收入成長，舉例來說，如果通貨膨脹率為二%而實質經濟成長率為一%，那麼政府收入每年將增加大約三%。如果通膨沒有上升，政府收入成長將因人口老化而放緩，但對政府服務的需求卻會增加。

與此同時，第四次工業革命正在蓄勢待發，將引發一波又一波的失業潮。即便它的未來效益最終能為人人創造工作機會，但K型經濟的底部不斷擴大，表示將會出現持續失業的現象，人們也會不斷地仰賴政府的收入援助計畫。在世界上許多地方已經加劇的所得不平等，也將繼續惡化下去。疫情期間，要求所得分配更公平的呼聲變得非常強烈，而一波重大的技術變革浪潮正要襲來，更增添了急迫性。

彷彿這還不足以滿足人們「期盼」接下來發生的事情似的，大多數政府在疫情期間用掉了大部分的備用財政能力。二〇二〇至二〇二一年間，全球政府債務增加到超過全球所得的一二〇%。有些國家的財政能力或機構能力已經所剩無幾。值得慶幸的是，財政最為緊縮的國家，也是人口相對年輕的國家，他們受到構造力帶來的財政拖累（fiscal drag）將比先進經濟體來得少。

因此未來幾年，政府提供經濟援助的結構性需求將會有相當大的成長。同時間，有鑑於全球經濟成長趨勢緩和，在現行稅率下，政府收入成長也將非常有限。借錢來滿足這些需求，會把今日的負擔轉嫁給後代子孫，這在很多人眼中是難以接受之事。提出一個可靠的財政計畫來因應即將到來的壓力至關重要，否則債券投資人對政府債務將要求更高的實質利率，而使得政府在未來十到二十年間更難償還現有的債務負擔。

無論如何，政府都將需要更多收入來應付這些日漸增加的結構性需求，並維持可靠的長期財政計畫。基本上，政府有兩種管道可循。

新稅收與經濟成長

解決全球政府收入短缺的問題，可以簡化為兩個基本選擇：直接增稅，或者運用政策來促進經濟成長，從而在現行稅率之下間接產生更多政府稅收。

不用說，沒有人想要繳更多的稅。不過這其中還存在著超越個人偏好的更多利害關係，因為有很多稅阻礙了經濟成長。對企業徵收更高的稅，會降低他們創新或投資新成長領域的動力，而且從一開始就會減少創辦新公司的吸引力。對個人徵收較高的所得稅，則會阻礙他們的工作意願。不管哪種狀況，經濟成長率較低表示政府收入成長放緩，所以可以說，較高的稅率其實會造成政府收入減少。這個主張有一定的道理，即使實際情況遠比聽起來的更為複雜。

如果說過去要加稅已經很困難，那麼在今天的政治氣候下，更是幾乎不可能的事。如今，任何重大的財政措施都會引發意見相左的辯論與雜音，並且在新聞媒體和社群媒體上被放大，在這樣的情況下，政治共識可說是極為罕見。政治的分裂狀態顯示我們需要以更巧妙或更平衡的方式來制定未來的財政計畫。國際間對防止租稅轉嫁和最低企業稅率已經形成共識，令此事出現一些曙光。不過即使這類全球稅收調整提議充分施行，也不會令政府稅收大幅增加。

未來的財政政策將需要更著力於促進更快的經濟成長，從而才能在不明顯增加稅負的情況下，提高政府的收入。諷刺的是，這向來是財政政策的理想方法。也許在過去，總是有足夠的基礎經濟成長，使政府得以課徵多種稅收來取悅特殊利益團體，而隨之而來的經濟成長損失並不會那麼明顯。但隨著嬰兒潮世代退出勞動市場，如今經濟成長正在走緩，即使在政治極端對立的環境下，每一個小數點的經濟成長似乎都顯得意義重大。

大多數觀察家都低估了稅制整體架構在決定或限制經濟成長方面的重要性。稅制是複雜的。某種稅促進了這個，另一種稅又促進了那個，每一項個別提案和可能引起形形色色意外的後果，都會引發激烈的爭辯。然而，很少有人考慮到稅制各部分之間的交互作用，以及是否簡單一點的稅制也能課徵到同樣多的稅收，使我們可以留下更多的經濟成長幅度。

舉例來說，眾所周知，對所得課稅會抑制工作的動力，因而對經濟成長形成一種阻力。如果我們不要像今天大多數國家一樣，對工作的報酬課徵那麼高的稅，勞動參與率會提高，經濟成長率也會更高。除了對個人所得課稅，我們還會對公司課徵各式各樣的薪資稅，阻礙了新公司和新工作機會的創造。

從效率和成長的角度來看，理想的課稅形式是利用營業稅對消費者的支出課稅，而非對所得課稅。對支出而非所得課稅，會使人們更願意工作和儲蓄，進而在未來的經濟成長中提供企業更多的投資能量。對支出課稅還有一個額外好處，那就是同樣適用於退休的人，使其在高齡化社會裡成為一種更具永續性的稅收形式。儘管消費稅有這些吸引人的特點，但許多人認為它是一種「累退稅」（regressive tax），會使稅後的所得分配更不公平，因為低收入者花掉全部的所得，而高收入者只會花掉一部分。所得稅通常沒有這個問題，因為它們是「累進的」（progressive），隨著所得增加，付稅的百分比也會增加。不過針對低收入級距實施消費稅退稅，便不難解決這個問題，進而消弭反對的聲浪；加拿大便有這樣的消費稅退稅制度。不過即便如此，消費稅往往被認為在政治上有實施難度，因為消費者每次買東西都會看到稅金，太過頻繁地提醒他們是誰在對他們課稅。

經濟計算比政治計算簡單得多：取消所得稅和薪資稅，代之以對消費者的支出課稅，以產生相同水準的稅收，將使經濟成長得更快，總體收入也更多。來做一個想法實驗。假設政府打算簡化現行的複雜稅制，做法是計算出一個所需的營業稅稅率，可在實施後取代所有其他稅收並保持政府收入不變。最簡單的例子可能是一舉取消所得稅和各種企業稅，也許加上排富條款，並且提高營業稅，以維持相同的政府收入。倘若這兩個變化在同一天發生，使每一個人的經濟狀況跟以前一樣好，這在政治上會是不可能的事嗎？我猜測大多數人會聳聳肩，照樣過他們的日子，因為他們口袋裡的錢不會有任何變化。但從總體經濟的角度來看，結果將帶來一個效率更高的經濟體，擁有更快的趨勢成長率，財政收入也更高。這基本上就是紐西蘭在一九八〇年代中期首度實施全國營業稅時所做的事，這項稅務改革至今仍帶來效率上的效益。

在後疫情時代，推動將稅負從工作轉移到支出的稅制改革，甚至可能具有政治上的吸引力。為了修復 COVID-19 造成的財政損害，人們普遍預期公司和個人的稅負同樣都將大幅增加。來做第二個想法實驗。假設每個人都在擔心要付出更高的稅，以便償還疫情期間產生的債務，政府卻宣布他們正在改革現行的稅收政策，使得稅負不會上升，經濟成長率提高，而政府收入也會自動增加。這種集體解脫所帶來的政治利益是不可限量的。要使這樣的倡議在政治上獲得贊同，會需要將其視為一個平衡的、全有或全無的套裝方案——因為所有的部分都會彼此交互作用，就個別的改變進行辯論和妥協，將削弱它的效益，使它面臨某種政治挫敗。

一個保持稅率不變同時又能促進經濟成長的稅制改革，將為負債累累的政府帶來相當大的財政靈活性。較高的經濟成長表示政府債務對國民所得的比例將會下降，使市場和普羅大眾感到安心，知道政府正在累積實力以應對下一次危機。如果希望的話，也可以把部分或全部新增的政府收入用來加速償還債務，如此一來，債務－所得比會下降得更快。

不過值得一問的是，政府在應對疫情時所產生的債務是否真的需要償還。政府鮮少還清債務；反之，他們控制支出，平衡預算，然後靠著經濟成長與通貨膨脹逐漸減輕債務負擔的規模。幾個世紀以來，政府借款向來只看它償債的能力，而非把錢還清的能力。從社會的角度來看，我們最好用看待公司股權的方式來看待政府債務。政府的借貸能力取決於它的整個特許經營權，這來自於它能永無止盡地課稅及償債的能力。過往履行債務的歷史紀錄，加上提出未來如何償債的明確指引，通常便足以讓借款人放心。這是一個非常古老的觀念，起源可以追溯至十七世紀末的英格蘭。

具有永續性的財政計畫，指的是政府債務對國民所得的比例處於穩定水準或在下降當中。如果債務比例正在上升，可能是因為經濟嚴重衰退的關係，那麼事過境遷後，便須制定一個計畫來恢復可持續性。在一個政治分裂和經濟成長低迷的世界裡，財政永續性將比過去更依賴趨勢經濟成長，而任何可以提升此一趨勢的機會都不容忽視。

後疫情經濟中，最重要的新成長來源將是我們的第二個構造力：技術進步。從過去由通用技術（蒸汽機、電力和電腦晶片）所引領的工業革命來看，全球經濟數位化、人工智慧的相關傳播及生物科技的進步，可能會大幅提高全球人均所得的水準。這與永久地拉高趨勢經濟成長並不相同。比如，國民所得水準增加一〇％，分散在十年間就是每年提高一％的經濟成長率。只要該技術已被廣泛應用，成長趨勢就會再次減緩。如先前所述，這大致上就是一九九五至二〇〇五年間發生的狀況，而且可以說電腦晶片的效益還在持續累積當中。我們在未來十年因為第四次工業革命至少可以指望的成長，似乎就是這樣。政府將自動獲得很大比例的這種成長，所以沒有提高稅收的必要。

由於技術進步通常也表示所得分配愈來愈不公平——疫情已經使這個情況更加惡化——政府在應付債務積壓的同時，很有可能也需要解決所得分配的問題，否則那些認為自己被拋棄在後的人，會讓執政者在選舉時面臨敗選的命運。

最佳的所得分配是一個難以捉摸的概念，尤其是當感知在其中扮演如此重要的角色時。基本上，人們普遍認為富人的收入愈多，經濟成長就愈慢。每增加一美元的收入，富人花掉的錢會比低收入家庭還少，後者可能會全部花光。把分析做得細膩一點，就會承認經濟成長來自創新、創業精神和冒險，而這些全都是技術成功帶來的財務報酬所驅動出來的。這顯示經濟成長其實是向富人傾斜的所得分配所支撐出來的。對創業行為產生的獲利過度課稅，是在阻撓它，也是在鼓勵企業把他們的構想、資本和熱忱帶到低稅的環境裡。利用不同國家的稅制差異來降低整體繳稅負擔，對富人和跨國企業來說都是司空見慣之事。多年來，政策制定者一直在致力於達成國際協議，以建立公平的課稅環境，此一事實更凸顯了創新、經濟成長和稅收之間的潛在緊張關係是確實存在的。那些主張以改變國內稅收制度來調整稅後所得分配的人，必須承認他們的這個論點具有兩面性——更平等的所得分配可能促進成長，但也可能減少成長。

人們無須在這場辯論中選邊站，就能理解對所得分配的不滿正在助長政治極化現象。如第四章所述，這種不滿有其實際上的原由，可是知道或瞭解自己國家吉尼係數的人並不多。僅僅只是察覺到你正處於劣勢，而富人變得更加富有，便足以引起不滿甚至憤怒的情緒。然而，有些政府的稅收制度似乎是設計來造成混淆而非釐清這個爭議。舉例來說，在加拿大，低收入人士的薪資會被扣除所得稅，但隨後能享有經常性的家庭福利、營業稅退稅和碳稅退稅。此外，還有眾多的社會支持計畫，全都會把資金移轉給低收入家庭。這會形成一個高度累進的淨所得稅制，不過那些收入低端的人還是要繳所得稅，這就是當他們聽到有錢人繳很少的所得稅或不用繳稅時，所記得的事情。

這股不滿所得分配的暗流，使得政策制定愈來愈難形成共識。放下關於什麼是最佳所得分配的無止境爭辯也許是有道理的，單純朝著增進平等的方向調整分配的參數，使其幅度大到足以獲得必要的支持，以便推動其他政策前進。我的腦海裡馬上浮現美國的情況，在先進經濟體中，該國的所得分配最不平等，政治分裂也最嚴重。進行更具進步性的所得重分配，並不需要在稅制上做出激進的轉變——例如，不需要課徵財富稅——而是透過實施更前期且更陡峭的所得稅率，同時嚴格定義收入頂端者的「所得」範圍，便可以達成目的。

假設這在政治上是可行的，那麼下一個問題是，稅收進來以後要如何重新分配這些資金？政府通常有多種管道和一個接著一個的計畫，全都是由認真但資源不足的官僚來執行。諷刺的是，最大膽的重分配框架也是最古老的概念：無條件基本收入（UBI）。

這個構想幾十年來一直經歷激烈的辯論，甚至在小型司法管轄區進行實驗。激辯的核心問題在於，如果你提供某人可滿足基本生活所需的收入，你會降低他們工作的動機。這是真的，在所有其他條件相等之下，然而並非所有條件都會相等。那些反對提供無條件基本收入的人，在看到政府選擇建立一套東拼西湊的支援系統來保護弱勢，而其管理成本往往還比它所提供的資金更高時，卻袖手旁觀，不置可否。以簡單的方案來替代這類繁文縟節的複雜計畫，便可以釋放出財政資源，用來追求更高的經濟成長。無條件基本收入的想法很簡單：每個人在稅務機關都有一個銀行帳戶，每個月會有一筆最低基本收入存入帳戶內。所得高於最低收入的人將面臨一個仔細調校過的累進稅率，不但可回收無條件基本收入，並且會對位於所得頂層的人課徵足夠的稅收，以支應這個計畫。如許多國家在疫情期間所體悟到的，只要在鍵盤上敲幾下，就可以建立這樣的系統，其行政成本微不足道，和所有其他受繁文縟節及行政拖延所苦的昂貴社會安全網計畫形成鮮明的對比。經過這樣的簡化措施，可以省下大量政府開支，用來投資於長期經濟成長。

有關無條件基本收入的爭辯總是不離對工作意願的抑制作用：如果那些勉強餬口的人可以白白從政府那裡拿到收入，他們會永遠退出勞動市場。這是一個顯而易見的問題，不過只要確保系統能維持人們在無條件基本收入之外賺更多錢的誘因，便可輕鬆解決問題。既使有些人退出勞動市場，也不妨礙無條件基本收入的所有其他優點。那些人現正轉而尋求效率較差的計畫，這些計畫提供的是各種缺乏協調的片段支援，而這些也都是要花費成本的。

事實上，經濟成長最重要的因素仍然是人，因此需要綜合考量影響勞動參與率的眾多政府政策，而非只單看無條件基本收入這類政策。舉例來說，允許更多移民是政府為了促進經濟成長所能做的最重要的事情之一，因為它可以讓更多人和更多收入來分攤政府的債務負擔。但更重要的是，眾所周知，比起本國勞動人口，具有創業精神的移民比例較高，對經濟成長的貢獻也較大。移民引起的更多是政治面的緊張關係；因為技術變革而失去工作的本國勞工，可能會認為是移民搶走他們原本希望得到的工作，從而加劇了所得不平等和不滿的情緒。

提高本國勞動力參與程度應該是所有政府的首要之務。有待開發的最大勞動力參與來源是女性，許多人認為這關係到恐怕是世界上最大的社會基礎設施缺口——托育服務的不足。當然，加拿大就是這種情況。過去二十年來，加拿大的托育和家事服務價格指數提高了八〇%左右，而整體消費者物價指數上漲幅度只有它的一半。職是之故，女性的勞動參與率通常低於應有的水準。

只要看看魁北克省在二十多年前所建立的托兒所系統，促成女性勞動參與率的大幅提升，就能明白投資在此種基礎設施的力量有多強大。過去十年間，該省的經濟與財政表現相對改善，有很大程度要歸功於此一單一因素。魁北克壯年女性的勞動參與率約為七四%，遠低於男性。省政府找出女性無法就業的阻礙，並決定減少這些阻礙，主要的做法是降低托育成本和延長育嬰假規定。結果就是，女性勞動參與率提高到將近九〇％。

如果在整個加拿大實施類似的政策，而且全國女性勞動參與率能被提高到接近男性的水準，那麼經濟的總收入便可大幅提升，輕而易舉地增加二％，甚至可能更多。在判定政府進一步增加托育投資是否具有經濟意義時，需要考量到這種潛在利益及相關的新稅收。由於較高的潛在產出會產生額外收入，所以這樣的計畫只要經過適當調校，基本上是可以回本的。遺憾的是，政府花在社會基礎建設上的錢通常被認為是一種財政開支，而非投資。在加拿大，我們有愈來愈多預計會活得更久且想要延長自身參與勞動市場時間的年長者；同時，勞動力中也需要有更多照護人員來照顧兒童和老人。這種組合可以轉化為我們的優勢。

由於結構化政策帶給總體經濟的效益是更高的成長、更大的稅基和政府收入的增加，所以從這層意義上來看，政府通常是可以做到自籌資金的。不過，很少有人會提議以這樣的方式革新政府政策。這種結構性改變經常被形容是「政治上的不可能任務」；在加拿大的例子包括改革乳製品、雞蛋或雞肉的供應管理系統，以及開放國際間或省際間的貿易。會出現這種政治上的不可能任務，是因為那些認為自己將因變革而受損的人的聲音，被新聞媒體和社交媒體放大了，使政府面臨嚴重的政治衝擊。但如果政府相信這些政策能夠促進經濟成長，這種改變將能創造出財政紅利，同時也能造福大多數加拿大人。估算出這些財政效益，並把其中一部分（或甚至全部）預先分配給最有可能受到負面影響的人，從而彌補將受到損失的人，同時也在政治層面的整體論述中贏得支持，是不難做到的事。

有意促進經濟成長的政策制定者，最喜歡切入的領域是增加基礎設施的公共投資。這個觀點很難反駁，但施行起來的困難之處在於擬定投資的優先順序，以便能對經濟成長有最大的貢獻。一個好的優先性指導方針是跟著移民的流動走，移民去哪裡（工作就在哪裡），就在該處投資更多的基礎設施，另外就是善加利用大都會區的新商業機會。政府與其說服移民住在都市以外的地方——這些地方工作機會較少，沒有移民聚居，又或者商業風險較高——不如把基礎設施的投資集中在出現壓力的地方。無論如何，政府都應該大力投資於數位基礎建設，如此一來，企業便可隨心所欲地在任何地方落腳，不需仰賴聚集效應（agglomeration）便能成功。不過如果聚集效應對於取得成功至關重要，政府也應該促成它，而非抵制它。

很多基礎設施投資能促進經濟成長，因此具備自籌資金的特點，但政府卻鮮少推廣這一點。花較少時間塞車的勞工更有生產力；使用優良的道路、港口、機場、管線、穩定的供電及通信設施的公司，比沒有的公司生產力更高。政府極少把這些經濟利益和他們的基礎設施建設提案拿來相提並論，結果就是，很多評論員只會批評政府過度「支出」。

以加拿大太平洋鐵路（Canadian Pacific Railway）作為個案研究，我們看到今天所謂的加拿大是透過鐵路建設打造出來的。在一八八〇年代初期，建造加拿大太平洋鐵路耗資將近一·

四億美元，約占一八八五年加拿大國民所得的二五％，這是一筆巨額投資，相當於二〇一九年的四十億美元，但以加拿大經濟的占比來看，今天的二五％會超過五千億美元。至於這項投資的好處，繼一八六六年美加貿易關係破裂後，這條鐵路是各殖民地為創建加拿大而達成協議的基礎所在。若缺乏那項邦聯化（Confederation）協議，自然形成的南北商業聯繫，恐怕會令今日所知的加拿大逐漸被併入美國。評估該項跨越加拿大的基礎設施計畫的成本與效益，需要把未能形成一個國家的龐大代價考慮進來。

政策制定者還可以經由促進基礎研究和創新的商業化來推動生產力成長。研發（R&D）具有規模經濟——將創新匯集起來，可以實現更多的技術進步，而規劃和支持產業群聚就是意在達成此事。即便在經濟大蕭條時期，也有一些重要的創新對我們的經濟產生長期影響；杜邦（Dupont）和奇異（GE）等公司證明，維持研發投資對長期績效而言至關重要。政府與其試圖選擇經濟中的贏家與輸家，不如消除或減少創新和經濟成長的阻礙，來做出更好的貢獻。這包括簡化和釐清土地使用許可及環保要求，減少繁文縟節，使新成立不久的公司更容易取得早期融資，並且盡量減少其他法律限制。而且，誠如在第四章所討論的，不能把過去從國際貿易中得到的利益視為理所當然。經濟成長每增加一個小數點都比過去來得重要許多，任何提高成長的政策都不能錯過，而實施新的貿易限制等於是在逆流而行。

重點是政府在未來幾年將面臨巨大的結構性挑戰，而他們在後疫情時期開始之初，財務狀況就處在很不穩定的狀況中。儘管政府可能可以簡單地償還高額債務，然後看著債務對國民所得的比例緩慢下降就好，但很多政府會希望做得更好，重建財政能力以備未來之需。我相信這些需求將非常龐大，而無論政治上的挑戰性有多高，我們都需要竭盡所能地提振經濟成長。

因應不斷升高的風險

前面的討論是關於政府未來將面對的結構化需求和可能的因應之道。現在，我要轉而談談一個不同的問題，但同樣具有挑戰性：為了因應構造力所激起不斷升高的風險浪潮，政府也將面臨間歇性的援助需求。如我們在疫情期間所看到的，發生重大經濟震盪時，政府和央行需要有所作為，以緩和個人和企業遭受的衝擊。這也是利用資源來提供某種形式的保險。

相較之下，經濟受到干擾時，運用政府穩定政策來消除波動的歷史尚短。這部分的經濟學是由凱因斯在經濟大蕭條時期率先提出，並在二次大戰之後得到常態性的實踐。因此整個穩定政策的歷史和戰後嬰兒潮時期是重疊的，這表示政府和央行幾乎總是能仰賴來自底層不斷增多的勞動力來推動新的經濟成長，從衰退中恢復過來。

從這個最基本的意義上來看，對於政策制定者而言，下一個不確定的年代恐怕尤其令人感到憂心忡忡，因為未來將會出現更多更劇烈需要克服的經濟波動，加上還要解決前一節所提及日益沉重的財政負擔。

政策制定者已經知道，過去的一些危機，譬如一九七〇年代的失業率和通貨膨脹率同時上升，已經導致經濟學本身的再改造。從全球金融危機學到的教訓，已被適切地應用在COVID-19危機期間。而我們也從這一次的危機中汲取到一些教訓，毫無疑問將可沿用到後疫情時代。

COVID-19事件的一個重要教訓是，自動啟動的財政政策，會比沒有慣常的冗長執行拖延來得更有效果。在美國，參眾兩院對疫情期間應該如何使用財政工具展開激烈的辯論，使得聯準會在危機發生前幾個月，一肩挑起穩定經濟的大部分重擔。加拿大在這方面的表現較好，不過在援助計畫的實施上還是耽擱了好一陣子。重要的是，加拿大在疫情期間主要財政工具的設計，旨在使它們能彈性回應經濟基本情況，這是財政有效性的一次重大進步。在這層意義上，失業保險向來就是作為一種自動穩定機制，雖然它的運作比起疫情期間實施的其他計畫更遲緩一些。相較之下，美國在第二波COVID-19疫情襲擊經濟時，又一次進入全新的政治辯論循環後，才推出第二輪政府援助計畫。在未來的財政框架中維持較高程度的自動化，方能逐漸減輕貨幣政策的負擔。

從疫情中學到的另一個重要的財政教訓是，即便事態緊急，使我們或許必須暫時擱置關於債務和赤字目標的標準財政課責框架，但對此還是有一個基本需求要做到。政府需要不斷提供對財政未來的洞察，幫助市場形成預期。畢竟，政府是在要求投資人為過去無法想像的支出規模提供資金。無論情況看起來多麼糟糕，政府最起碼必須提出一套可信的財政規劃，展示政府債務的可能發展途徑和籌資方式。提供好壞不同的情境來作為基準情境的補充，也是一種很好的實務做法。在這樣的框架下，財政永續性的最低要求是，承諾維持債務對國民所得的比例穩定不變，或是在經濟成長回升時，使該比例從高峰逐漸往下降低。此一承諾將轉化成政府支出和財政赤字的近期目標。

在貨幣政策方面，從全球金融危機學到的教訓發揮關鍵作用，迅速化解了COVID-19危機。各央行迅速有效地祭出一整套市場干預工具，與此相較，二〇〇八年那時，大家的反應則是比較按部就班的。在二〇〇七至二〇〇八年全球金融危機以前，普遍認為利率的底限是零，或甚至略高於零。不過許多國家的央行已經把短期利率降至零以下，政府債券利率也隨之下降，打破了之前抱持的觀點。借錢就要付利息是如此根深蒂固的觀念，以至於很多人很難接受負利率。負利率並不自然，因為基本自然利率是衡量不耐等候的指標，而這仍然是一種人類特徵。但在特殊情況下，將利率降至零以下可以為經濟提供更多刺激。由於銀行的借貸週期長，借貸利率之間的利差對金融體系運作和信貸供應而言是最重要的；只要有合理的利差，銀行就能繼續發揮功用。把央行利率降到零以下，會進一步拉低貸款利率，鼓勵家庭和企業借錢和消費，從而幫助經濟走出衰退低谷。

如今，我們已經明白有效利率底限和管理現金餘額的成本有關，其中包括紙鈔的安全儲存和避免損失的保險成本。把錢存在銀行並得到負利息的人，可以把資金轉為現金而不會有任何利息，但是他們需要存放現金。若將這些儲存成本納入考量，大部分研究認為名目利率的有效利率底限大約是負〇．五％，也可能再低一點。

無論確實的有效利率底限是多少，重要的是要明白，當利率非常低的時候，如果經濟出了什麼問題，央行就沒有多少可以操作的空間。想想一個情境是經濟遭受衝擊，失業率上升，而通貨膨脹率看來有可能跌到中央銀行的目標以下。當局會降低利率來鼓勵更多借貸和更快的成長，以便抵消這種衝擊。如果利率一開始是四％，那麼央行可以降息至少四百個基點，對經濟產生相當大的提振效果。但如果利率是從二％開始，把利率降到零只能發揮一半的作用。這時候，有能力把利率降到零以下，就提供了另外五十個基點的操作空間。

我們通常會認為經濟遭受的干擾有好有壞而且呈現對稱性；換句話說，隨著時間過去，好運和壞運兩者平均下來，根本沒有所謂運氣可言。利率愈低，央行就愈有可能沒辦法透過降低足夠多的利率，來緩解壞運來臨時的衝擊。不過，央行完全有升息的自由，所以可以根據需要盡可能提高利率來承接好運。利率底限帶給貨幣政策的過程一種不對稱性，這表示當利率的平均水準偏低時，央行可能經常無法達到通膨目標。央行的武器庫裡還有其他可以補充利率調整的工具，例如量化寬鬆政策，但這些工具只會對經濟產生二階效應（second-order effects）。

經濟研究指出，未來當利率平均而言可能保持在低位的時候，應更大量使用財政工具來穩定經濟。基本上和凱因斯在一九三〇年代提出的是如出一轍的分析。

與此同時，家庭債務升高的構造力將持續為貨幣政策帶來挑戰。經濟裡的私部門債務水準很高，會使其更容易受到景氣低迷的影響——沒有欠債的公司可以安然挺過負面經濟波動的風暴，而負債累累的公司則可能無法償還債務並且被迫歇業。高額債務放大了經濟動盪的後果，使中央銀行更難令經濟保持在正軌上。一個相關的併發狀況是，隨著許多投資者在尋找更高的收益，長期低利率往往會導致看似過度冒險的行為。這一點對家庭和企業同樣適用。雖然一些謹慎的公司也許會以收益不高為由而放棄投資機會，但其他公司可能認為，為了達到他們眼中合理的資本報酬率，有必要更跳脫他們的風險舒適區。這種冒險行為不僅使經濟難以抵擋厄運來臨，也很容易受到利率上升的影響。即使是些微的升息，也會引發大規模的企業倒閉和失業，這種可能性會嚴重地限制中央銀行堅持通膨目標的能力。

考量到債務相關的風險，有些評論員建議中央銀行維持高一點的平均利率，以減少家庭和企業的債務。不過中央銀行實際上只能追求通膨目標，並且在過程中緩和經濟的波動，若是想要同時試圖抑制債務增加，通常會導致其無法實現通膨目標。這就是為什麼政府和央行發展出一套總體審慎工具（macroprudential tools），譬如房貸壓力測試或貸款負擔率上限指引（maximum loan-to-income guidelines）的原因所在，以限制金融體系未來的脆弱性，並且讓央行能追求它的通膨目標。在最大程度上，完整綜合央行所面臨的權衡取捨——也就是掌握總體經濟（產出—通膨）風險和因債務脆弱性引發的金融風險，並透過私部門的行為將兩者連結起來——仍然是建立經濟模型者的目標。與此同時，在央行的目標範圍內掌握住金融穩定性風險，便可以達到一個合理的近似效果，前提是央行有額外的工具來獨立應對這些風險。

有鑑於作用於經濟的構造力，未來央行平緩景氣循環的能力將不如從前；而構造力的交互作用使得政策制定者需要應付的波動性上升，也會使得這種操作空間變小。在充滿挑戰的環境下，單憑央行之力，恐怕不可能維持跟過去同等程度的總體經濟穩定性，所以需要有異常靈活的財政政策來幫忙。解決這件事情的一個方法是讓財政政策更自動化，不需要新的立法便能對經濟的變化做出回應。設計一個普遍的基本所得計畫，正是要做到這件事。不過，更多的自動化財政工具可能會違背政治的本質，因為比起讓問題自動化解，而且還是要為因此產生的財政赤字辯護，解決問題更能得到讚譽。隨著基礎財政負擔愈來愈高，政府赤字急劇波動——不管是升是降——所帶來的壓力恐怕會更加嚴峻。

管理氣候變遷的風險

如前所述，即使社會在二〇五〇年成功實現淨零碳排放，氣候變遷仍會持續很長一段時間，導致天氣變得更不穩定，對個人、企業、銀行和保險公司產生重要的影響。

人們普遍認為，未來發生重大水災事件的頻率將持續升高，使個人可能蒙受災難等級的損失。儘管有水災險可供屋主投保，而且這更可能成為一種常態選擇，但保險公司只應付得了中度淹水的相關損失。災難性洪水將淹到家門前，政府需要建立財政能力以應對災難來襲，而且基本上他們必須做私人保險業的後盾，防洪管理的基礎設施也需要強化，以減輕這種風險。

一個更重大的氣候變遷風險，是世界上某些地區可能發生嚴重的缺水問題。有鑑於地球上的水資源分布不均，在未來，那些擁有再生淡水人均數量最多的國家能擁有不成比例的地緣政治力量。根據這個指標，大多數名列前茅的都是人口數不多的小國，但加拿大是其中最大的國家，以絕對數量來看，加拿大擁有的淡水量是所有國家中最多的。在五大湖和聖勞倫斯河流域（St. Lawrence basin）裡的水，有很多都是和美國共享的。

值得思考的是，如此龐大的淡水存量在全球水資源競爭中或甚至戰爭中可能扮演的角色。很多人認為水資源是一種大自然的稟賦，並且極力保護之，另一些人則將之視為一種共享資源。撇開一向存有爭議的水資源存量不談，水的流動性還有討論空間。光是連同橫跨美加邊境的五大湖在內的聖勞倫斯河流域，便占了全世界淡水存量的二五%。雖然有大量的水從五大湖被抽取出來使用，但每天還是有將近一兆公升（超過二千五百億加侖）的淡水流經聖勞倫斯河，衝向含有鹽分的大西洋。這些流出的水被浪費掉了，因為一旦流入大西洋，它就變得無法飲用，所以如果被其他人使用，應該完全沒有爭議才是。光是這個流出量，便可以滿足高達一百億人口的世界衛生組織每日最低用水量，而這是二〇五〇年的預計人口數。

隨著五大湖區周圍人口的增加，未來三十年聖勞倫斯河的流出量可能會下降。氣候變遷也可能會影響流量，儘管還不清楚它是會增加還是減少。無論如何，是有可能在這些被浪費掉的水湧進大西洋之前，便把它攔截下來另做他用。可以用巨型油輪採集這些水，然後運送到世界上的乾旱地區，就如同我們今天運輸石油一樣；或者它可以被擷取並注入到一條渠道中，用來灌溉加拿大和美國中西部因為氣候變遷而可能乾涸的大片農地。從實務上來看，如果水是從蘇必略湖（Lake Superior）透過管道送到西部和西南部的農場和社區，也不會有什麼差別。只要聖勞倫斯河還有大量的水流出，我們就能確信淡水存量還是不受影響。

儘管工程師也許能夠解決水的問題，但相關的政治問題卻可能引發劇變。水資源短缺幾乎肯定會發生，而且恐怕會成為地緣政治動盪的催化劑。為了減輕這樣的風險，應該進行一些預先規劃。在不久的將來，採取措施共享浪費掉的水資源是一種可能的風險緩解做法。另一種做法則是政府大力投資於海水淡化技術，這與針對專門的可再生能源的投資有關；毫無疑問，海水淡化的成本將隨著時間而逐漸下降。還有一個方法是大舉投資於雨水貯集技術，因為世界上大多數的雨水都落在海上，所以也是浪費掉了。然而，正如我們在其他領域中所看到的，知道有方法減輕未來的風險，不表示它們真的會被用上。不確定性仍在，所有的跡象都顯示它會升高。

我認為，即將到來的構造性壓力，將證明現有的財政和貨幣穩定工具沒有足夠的應付能力。因此即便政策制定者已經窮盡所能地維持經濟和金融穩定，景氣循環的波動性仍會變得更高。就算政府的穩定政策可以做得比較自動化，我們也還將經歷比過去更不穩定的通貨膨脹、失業、利率、股市和匯率。結果將是一個家庭和企業都同樣難以規劃未來的環境，使他們在做日常決策的時候，將承擔比過去更多的風險。

對政策制定而言，五大構造力的聚合似乎注定成為史上最令人生畏的風險環境。管理日益高漲的風險浪潮，需要有明確的目標和許多的政治勇氣。無論財政政策或貨幣政策，將無法簡化為機械化的過程。經濟成長的每一個小數點都具有無比的重要性，需要我們認真以對，關注整個歷史累積下來對經濟成長的結構性障礙。

束縛財政與貨幣政策的現實局限性，以及與重大變革相關的政治挑戰，都表明政策制定者將無法完全吸收構造力造成的風險上升。當然，得過且過也是一種可能性。但我自己的感覺是，來自國內外投資人和員工的壓力與日俱增，將鼓勵企業在政府無能為力時，帶頭幫助個人應付升高的經濟與金融風險。下一章的主題，將談到此一風險節節高升的適應過程。

第十三章
給未來的處方

憶當年：價值領導

我於二〇一一年成為加拿大出口發展局的總裁兼局長不久後，一位正在為員工雜誌撰文介紹我的記者來採訪我。他們問我，在我的職涯中曾景仰並試圖仿效過哪些領導者。多年來，我曾有幸與一些卓越非凡的人士共事過，指名道姓可能會因遺漏而有冒犯他人的風險。因此就領導素質而言，我必須承認，我最喜歡的人物來自虛構的電視影集：《星際爭霸戰：銀河飛龍》（*Star Trek: The Next Generation*）的畢凱（Jean-Luc Picard）艦長和《白宮風雲》（*The West Wing*）的巴特勒（Jed Bartlet）總統。

我的回答被認為證實了我這個新上司富有幽默感，而這也是我從沒想過要克制的特質。不過我其實是相當認真的。畢凱〔由派崔克．史都華爵士（Sir Patrick Stewart）飾演〕和巴特勒〔由馬丁．辛（Martin Sheen）飾演〕這兩個角色都被描寫得極為出色，而且具備卓越的領導才能。

他們都是有深度的知識分子——巴特勒的背景甚至包括得過諾貝爾經濟學獎——而且也面臨一個恆常的挑戰，必須成為在場最聰明的人。兩人偶爾都會落入自大傲慢的陷阱，但這只是暫時的。而且兩人在日常生活中都要處理非比尋常的風險。畢凱和巴特勒都會公開展現他們的價值觀，深切關心更崇高的善，也熱愛他們的團隊成員。他們的成員也會投桃報李，願意為他們兩人出生入死。這些領導者透過與成員建立親密的連結，喚起成員們共同的使命感，從而激發出他們最好的一面。

《白宮風雲》裡的情境很少是明確的，而且肯定不會如科學般一清二楚，所以巴特勒往往會憑直覺行事，讓他的激情表露無遺。當巴特勒克制不住沮喪的情緒而大發雷霆時，手下會任憑他發洩，然後直言不諱，把他給拉回來。在第一季有一個很好的例子，是一架載著總統私人醫生的美國軍機在中東被擊落。巴特勒勃然大怒，誓言要讓肇事者從地球表面上消失。他的團隊提議採取更「適當的回應」，但他一再地要求不符比例原則的反擊。這一集展現出一個領導者向他的團隊學習，把更崇高的價值置於自身價值之上的重要性。此一學習過程需要像巴特勒這樣一個成就斐然的人表現出虛懷若谷的態度，贏得團隊的激賞。這個過程讓團隊成員在未來變得更克盡職守也更忠誠，而非與之背道而馳。

畢凱艦長被描繪成一個比巴特勒總統更冷靜許多的人，習慣性地控制自己的情緒。他是一個有條不紊的諮詢型領導者。即便只剩三十秒，**企業號**或附近的一顆恆星就要爆炸（這種情況似乎經常發生），畢凱仍會徵詢同僚的意見，與整個團隊分擔當下的壓力。他憑藉經驗知道，他們擁有共同的價值觀，也會為了團隊挺身而出。在這部影集中，團隊多樣化的好處和領導者善用這種多樣化的能力，一再地被展現出來。當畢凱聽到一個可能奏效的建議時，他不假思索，只說一句：「行動吧！」（Make it so!）

在我看來，一個風險日益升高的世界，將需要更多像巴特勒和畢凱這樣的商業領袖。對「人」和「價值」投注更多的關注，而不是「數字」。構造力意味著公司將面臨日益複雜的波動性和風險，直接影響到他們的員工，因此公司將被迫做出牽涉到權衡取捨、以價值為本的困難抉擇。我向來對我的價值觀保持開誠布公的態度，如此一來，我手下的領導者才能就此預做設想，而且通常他們會發現跟我有共同的價值觀。我試圖以這樣的價值觀來領導：(1)家庭至上；(2)為了實現讓我們感到驕傲的重要使命而努力工作，追求卓越；(3)團隊合作；(4)謙遜；(5)總是開大門、走大路，因為如此才能保持宏觀的視野。在指導我手下的領導者時，我經常建議他們去看《白宮風雲》，獲得關於價值領導（values-based leadership）的洞見，我也要他們去讀衛思・羅比茲（Wess Roberts）和比爾・羅斯（Bill Ross）根據畢凱的領導作為所寫的《行動吧！》（*Make It So*）一書。另外一本我最愛的有關領導力書籍也是羅比茲寫的，書名為《匈奴王阿提拉汗的領導秘方》（*Leadership Secrets of Attila the Hun*）。但最重要的是，多多去跟人交談吧！

企業領導者每天都要處理難以置信的複雜問題。就像一名開長途車的司機，他們的心思放在目的地上，看著路標來監測自己的進度，可是他們把不成比例的精力用在眼前的未來上——開在路上、注意速度、留意後視鏡、避開突然的障礙物等等。他們當然察覺到這本書中所描繪的五個構造力，近幾年來，這些力量全都曾經上了新聞頭條。本章的目的是要幫助企業和股東們明白這種力量聚合的深層影響，以及如何有所調適。

營運計畫的情境

人口老化是五個構造力中最顯而易見也最容易被忽略的力量。大多數公司的領導者都知道員工的平均年齡，尤其是領導團隊的年齡，因為不管任何公司，接班規劃都是一項重要的活動。可是人口統計數據的變化太緩慢了，無法成為公司營運計畫的關鍵因素，除非他們正在考慮生命期極長的投資項目。這很令人遺憾，因為高階主管和董事會成員在公司的規劃討論中，常常帶著許多根深蒂固的假設，而這些假設都受到人口統計數據的影響。實際上，我們在生活中所經歷到的人口統計數據變化極其緩慢，以至於我們開始覺得它們幾乎是一種常數，但並非如此。

我在第二章解釋過，當 COVID-19 導致的緊縮和重建告一段落，全球經濟成長趨勢有可能會繼續低於過去的水準。基於未來經濟成長放緩的假設而制定的營運計畫，結果可能會在二〇二一至二〇二二年間引起相當大的爭議。人們傾向於推斷疫情後的強勢成長將延續到未來，但這會是一個很冒險的假設。更安全的營運計畫假設，是回歸到緩慢的趨勢經濟成長率，加上如果經濟表現優於預期，公司應思考如何調整他們的營運計畫。至於通貨膨脹，企業假設通貨膨脹率回到大約二%是自然且合理的事。不過考慮到構造力，建議也應該思考如何調整營運計畫，來因應通膨上升到更高範圍的情況。

構造力最重要的影響是未來的經濟與金融波動性將會更高。儘管不確定性從來都不受歡迎，但波動的雙面性至關重要。不管哪一年，世界都可能比公司預期的更好或更壞。將這種額外的不確定性納入考量，不僅僅只牽涉到選擇以經濟成長、通貨膨脹或利率的保守假設來建構營運計畫，它也意味著從一開始就要把更多風險納入營運計畫中。

情境分析（scenario analysis）是企業管理未來風險可用的最好工具之一。公司運用它們的最佳判斷來建立一個基本預測，然後圍繞著該預測發展替代情境。基本情境採用的會是熟悉的假設，譬如回到平均經濟成長率；通膨回到二%；短期利率恢復到略高於二%，而長期利率則或許是再多一個百分點。然後用更緩慢的經濟成長趨勢、經濟衰退、技術變革帶來更強勁的成長、較低的利率、較高的通貨膨脹率等等，來發展替代情境。

企業建構出各式各樣的可能情境，在銷售、價格、所需產能、公司聘雇等方面就會產生一系列的可能結果。將這些不同情境畫在一張圖表上，基本情境位於中心位置，就會形成一個含有多種可能性的集合，向著未來展開。重要的是，每個預測都存在不確定性，但隨著預測的時間愈長，不確定性就會愈高；我們展望的未來愈遠，這個可能性的集合就會愈寬廣。

為了說明可能結果的範圍不斷擴大，經濟學家可以根據他們的模型計算動態預測誤差。舉例來說，經濟學家可能會預測未來十二個月的經濟成長率是二％，誤差為正負〇．六％，這使得來年的經濟成長率可能範圍落在一．四％到二．六％之間。不過，如果公司正在考慮一項提高產能的投資，需要兩年時間才能完成，那麼他們就會想要知道接下來兩到三年的經濟成長情況。經濟學家使用相同的模型，可能會預測未來三年的成長率平均將為二％，不過考慮到期程較長，他們比較沒有把握，所以也許會給出一個信賴區間是譬如正負一％。這意味著在三年的規劃期內，經濟成長率的預測落在每年一％至三％之間。這項預測可以轉化為一家公司三年後的銷售目標比現在的銷售額高出三％到九％之間。將這些不斷擴大的「未知區域」（zones of ignorance）添加到公司對於業績和價格成長的假設中，會在可能規劃情境的這個集合中產生出更多條發展路線。

如此這般把不確地性納入營運計畫的考量中，是一項艱巨的工作，而這還只是起頭而已。由於經濟總是在變化，未來可能性的集合需要持續更新，才能成為有效的管理工具。有關經濟的新數據總是會不斷被公布出來，而這會影響到各種情境的起始點。公司可能會發現所規劃的時程進行不到幾個月，就發生某件事，使得其中一個核心假設偏離軌道。這也許會使某些情境失效，而其他情境更有可能會如此。接著，公司便應該發展出一組新的情境，並且即時調整營運計畫。這樣的更新可能代表著需推遲某個已經計畫好的投資項目，加快另一項投資，裁撤員工，或加速進行招聘計畫。認真看待規劃和風險的公司，將需要指派專門人員即時更新這些情境，並且持續思考它們可能會出現什麼問題。

董事會在年度策略會議的場合要求管理團隊提供替代規劃方案，已經成為標準管理實務。公司的反應自然是建立一個基準情境、一個「幸運」情境和一個「不幸」情境，然後討論若出現好的情境或壞的情境，公司會怎麼做。這是個相當不錯的做法，不過它強化了一種標準觀念，亦即在鐘形曲線上落在基準預測附近範圍的可能結果，發生的機率最高，而其他的可能性則分布在上述範圍的附近。尤其是當幸運與不幸的情境看起來很極端時，董事會往往會偏愛基準情境。但是構造力交互作用的一個核心意涵是：未來可能的經濟結果的範圍恐怕會比我們過去所見的更平坦、更不近似鐘形分布。由於構造力正在運作中，壞情境與好情境的發生機率會比過去更高，因此對任何公司而言，偏好基準情境將會是一種風險愈來愈高的策略。

新投資的門檻報酬率

人口老化的趨勢也隱含著未來零風險實質利率將持續維持在低點，甚至可能會下跌。令人吃驚的是，很少有公司在做出投資決策時，已經接受長期實質報酬率很低的現實。我還是經常聽到公司或其董事會要求具備同樣那個慣有的最低風險調整報酬率（risk-adjusted rate of return），才願意核准新的投資案。新案的最低報酬率通常被稱為「門檻報酬率」(hurdle rate)，因為它代表提案必須越過這道障礙才能合乎標準。

公司理應迅速抓住具有高風險調整報酬率的投資機會。經濟學家相信，市場競爭的力量會使得一家公司把握住所有這樣的機會，否則其他公司便會捷足先登。這意味著在那個行業中，所有好賺的錢都被賺走了。如果一家公司擁有可從事新投資的資金，這些投資必須跟運用資金的下一個最好選項相互競爭，包括償還債務或買回公司的股票。假設公司正在支付五%的（不管是從債券市場還是從銀行借來的）借款利息，那麼任何新的投資機會都需要拿出至少五%的報酬率（而且是在經過新投資相關風險的調整後），才能超越門檻率。對投資進行風險調整是一項複雜的任務，需要進行上述討論到的所有營運計畫相關分析。公司需要發展出一套新計畫，納入新的投資，並且掌握從現在開始到投資完成前會損及商業論據的潛在下檔風險。假設分析結果顯示新投資應有一〇%的報酬率，誤差為正負四%，那麼最糟情境下的報酬率為六%，便能通過門檻率。

重要的是，門檻率並非今天通行的利率，而是公司預計專案完成時的通行利率和完成後的平均利率。這是一個非常長期的概念。經理人往往會用過去幾年盛行的平均零風險利率，來作為門檻率的近似值；其他人則會以公司長期以來的內部標準作為門檻率。

有鑑於今日的利率極低，一家公司若認為三到五年後的利率會比現在高出許多，也是情有可原的事。公司可能無法找到符合其標準的投資機會。事實上，在一個實質利率不斷下降的世界裡，如果公司的門檻率過高，可能會一再蹉跎，猶豫著是否要投資，因為它假設報酬率會回到歷史水準。這可能會導致一家公司裹足不前，而明白未來三十年實質利率平均來說可能持續走低的其他公司，則會搶先投資並超越那些猶豫不決的公司。幾乎可以肯定的是，這種行為導致近年來許多經濟體的投資率不高。提升我們對這些基本面的理解，對於恢復商業投資和長期經濟成長而言至關重要。

風險管理：新的無形投資

隨著五大構造力的累積和交互作用，公司面臨的風險將持續升高。低實質利率和債務累積正在減少中央銀行的操作空間，這將導致經濟成長和就業的變動性比過去三十年更高。技術進步將為公司帶來高度的破壞性，並迫使源源不斷的個人轉換職業，使社經不平等加劇，並引發極不可測的政治局勢。政府往綠色環保傾斜的政策，意味著企業試圖在低碳經濟中重新自我定位時，需要不斷地改變業務參數。日益加劇的不平等可能會引發公司價值鏈去全球化的持續壓力和國際貿易規則的突然轉變。能夠導致經濟和金融波動突然爆發的組合是無窮無盡的，如前章所述，中央銀行和政府不太可能有能力替公司和員工擔下所有這些額外的風險，尤其是在政治兩極對立的情況下。

我相信，更高的經濟波動性和風險的大部分重擔將落在公司身上。成功的公司需要實施更完善的風險管理措施，才能生存下來，保住員工的工作，並帶給股東豐厚的報酬。簡言之，有效的風險管理將成為企業內創造價值的重要管道。

想像兩家相互競爭的公司，都因為預期未來有更高的需求而考慮擴大業務。由於最近出現非比尋常的波動，所以雙方都認為商業環境中的風險比過去更高了。他們對服務需求增加的預測，比過去習以為常的更為不確定。他們都做好資本現代化的計畫，可是科技日新月異，政治情勢也變得極為難料。

在這樣的環境下，公司和董事會想要把更高的風險納入他們正在考慮的投資案中，因此要求比過去更嚴格也更嚴實的商業理由。第一家公司認為在專案進行期間，實質利率將會回到過去十年的平均水準。然而，第二家公司瞭解到人口老化效應會使得實質利率持續走低，而且在專案期間可能會掉得更低。結果是第一家公司沒有核准投資案，而第二家公司則繼續進行，並且為自家公司、員工和股東帶來很好的成果。

接著繼續來看同樣的這兩家公司，不過這一次假設他們都能瞭解實質利率在專案進行期間的可能演變。第一家公司有一套標準的風險管理框架，包括聘任一位風險長（chief risk officer），每年對員工進行調查，並提供一份年報給董事會，展現管理階層對風險的認識。董事會成員會就風險長可能疏忽之處，提供自身對風險的看法，大家都很滿意公司的計畫能禁得起已被識別出來的風險。

第二家公司對風險管理進行更大手筆的投資。他們也有一位風險長，不過這位風險長有一整個由風險專家組成的部門，而且他們在整個組織中努力建立使公司具有韌性和靈活性的風險文化。他們已經培養出能夠迅速持續更新情境規劃的能力，他們優化了公司的流動性政策，並提供前線員工桌面軟體工具，幫助他們做出有風險意識的決策。每位員工都承擔起風險管理的個人責任，猶如自己就是股東般地行事，明白自己代表公司的第一道防線，抵禦形形色色的風險。遇到不尋常的風險事件，他們會即刻在定期團隊會議上分享，議程的最後一項總是「風險觀察」，而這些經驗教訓也會上報到身為第二道防線的風險部門。第二道防線會將這些洞察分享給全組織，並在必要時調整風險政策，以應對突如其來的新風險。董事會透過與風險長及內部稽核深入討論新出現的風險而從中獲益，這是公司的第三道防線。內部稽核可以仰賴這種強大的風險文化，將大部分時間用來推測公司風險環境的未來變化，並且即時警示管理階層和董事會留心這些趨勢。

累積了這些風險專業知識，第二家公司在整體風險管理和特定的高風險投資方面，將能有更出色的表現。第一家公司可能會看著某個投資機會，認為它能帶來一〇%的報酬，誤差為正負五%，然後便拒絕了這個機會。第二家公司擁有卓越的風險管理能力，看到了同樣的機會，可能的報酬率是一〇%，不過誤差為正負三%，他們因此進行投資，因為即便最糟的情境仍然超過了他們的門檻率。第二家公司成長茁壯，帶給股東更好的報酬。持續這種行為幾年之後，第二家公司將建立起化風險為轉機的名聲，投資人也相應地抬高了該公司的價值。

請注意，第二家公司在風險管理方面投入的人力支出並不會被歸類為投資，即使它能帶來長期回報。對成功的企業來說，投資風險管理能力與其他形式的投資有著明顯的相似之處。公司一直都在對他們的員工和電腦系統逐步增加投資。他們建立ＩＴ團隊來維護技術投資，但這些團隊也會花時間以新技術開發獨特的內部應用程式，為顧客和公司帶來更多價值。不斷重新獲得培訓的員工比較靈活、比較有生產力，也能為顧客和公司創造更多價值。這些好處會延伸到未來很長一段時間。儘管這種活動具備投資的所有特徵，但它通常會被單純地列為費用。

喬納森・哈斯克爾（Jonathan Haskel）和史蒂安・韋斯萊克（Stian Westlake）在他們於二〇一八年出版的《沒有資本的資本主義：無形經濟的崛起》（*Capitalism without Capital*）一書中，

探討了能證明「『無形投資』在為股東創造價值方面所發揮的作用」的日益增多的證據。顧名思義，無形投資指的是以企業成功所需的知識或其他軟體要素的形式所進行的投資，能在未來持續帶來回報。這些投資項目包括研發、新專利、品牌廣告、員工培訓，以及支撐全球價值鏈的國際關係的養成。我的看法是，下一個不確定的年代將把風險管理投資視為企業創造價值的公認管道——下一個重大的無形投資途徑。

就一家產品生產與配銷都仰賴全球供應鏈的公司來看，這家公司要如何管理迫使其供應鏈去全球化的任意貿易保護主義風險？一個選擇是簡單地以去全球化作為一種防禦措施，儘管普遍認為這將大幅增加生產成本和價格。大多數公司被迫將其活動轉移到工資較高的地點時，會利用這個機會提高自動化的程度，由此在本國創造的就業機會，會比試圖移轉活動的政策制定者所冀望的還少很多。由於這是需求有限的高價產品才能採取的解決方法，所以公司更有可能的做法是繼續維持全球供應鏈，但採取行動來去除風險，這包括藉由在多個國家（尤其是已簽訂貿易協定的國家）培養同樣的供應商，以建立供應鏈的備援能力（redundancies）。這種價值鏈的重新優化需要耗費資金，不過應該把它看成是對風險管理的無形投資。重要的是，最佳的回應策略因公司而異——全球化並不是一個非此即彼的命題，而是一整套的完整選項。

哈斯克爾和韋斯萊克指出，無形投資在經濟中的重要性與日俱增，與技術進步的步調大致相符。以美國的經濟為例，對機器、設備和場地的普通投資在整個經濟的占比一直往下降，無形投資則穩步上升當中，尤其是自一九九〇年代末期以來。近年來，無形投資已經開始超越傳統資本投資。無形投資通常被當成是損益表上的費用，而資本投資則被視為資產負債表上的資產，因此大力投資於無形資產的公司，其盈餘和帳面價值將看起來比不這麼做的公司更低。

現在，想想一家公司收購另一家公司會發生什麼情況。假設有一家公司多年來一直在進行策略性無形投資，被市場認為非常有價值，而它被賣給另外一家公司。收購公司將付出一筆高於帳面價值的溢酬，其中的差額會被歸屬於合併實體的資產負債表上的「商譽」。在收購的那一刻，市場對長年累積的無形投資的價值估計才變得具體化。相較之下，那些自己悄悄地投資無形資本，但從來沒被收購過的公司，可能表現得好到讓人覺得不明就裡。

除了指出投資人喜歡的一些典型的公司績效衡量指標，以及國家統計人員青睞的投資與生產力指標有缺點之外，這些觀察結果也指出企業在應對新技術時所遭遇的困難。如果無形投資為公司帶來的價值無法獲得投資人的認可，企業會更難以加強部署新技術。換句話說，市場關注短期盈餘，可能也在一定程度上造成資本投資率低和企業偏好股票回購而非有機成長的情況。在我看來，只有超級透明的標準化會計方法可以消弭這種傾向。

擴大規模是自然的結果

無形資本的一個重要特徵是它能帶給大企業不成比例的效益，這和只能在單一工廠裡使用的有形資本（譬如機器）形成對比。舉例來說，一家大手筆投資於品牌的公司，可以讓它在世界上任何地方的業務都蒙受到投資的好處。投資於研發、專利和其他形式的智慧財產也是如此。如前節所述，這也同樣適用於風險管理能力的投資。

無形投資的重要性與日俱增，正在強化企業規模大型化的走勢。這種情況在科技公司之間表現得最明顯，一項創新便得以讓一家公司的規模和市值迅速暴增。像這樣的情況會導致公司規模的擴大變得如此自然，以至於形成壟斷——單一企業便吃掉全部的市場。想一想絕大多數個人電腦裡的微軟（Microsoft）作業系統的全球影響力。

從歷史上來看，成長到足以主導市場的企業會引發政府採兩種政策回應中的一種：強迫企業拆分或嚴密地監管。銀行業、電力供應商和電信公司都有例可考。所有這些產業的規模愈大，就能賺到愈高的報酬率。當政府強制企業進行拆分，或是施加最大規模的管制時，結果往往是市場被少數幾家大企業瓜分，各自擁有很大的市場力量。這種情況被稱為寡占，加拿大的銀行系統就是一個明顯的例子。市場力量意味著高獲利能力，有些人可能會主張應縮減這類公司的規模，以促進更多的競爭，降低對消費者的定價，並削減獲利能力。其他人則看重寡占帶來的穩定性——即使因為競爭程度低使消費者付出代價，但對整體經濟來說卻可能是有好處的。

現代經濟正朝著國民所得分配不平等的方向演變。成長的領導力已經從有形經濟轉向無形經濟，從商品轉向服務，有一股自然的力量導致公司的規模更大，在各自市場上的集中度也更高。這強化了一種可能性，那就是下一波技術進步將只造福少數人，使得所得分配更形惡化。這種有利於干預主義政治發展的沃土，為已經動盪不安的商業環境平添難以預料的變數。

政府不能，企業能

政府完全有能力直接解決所得不平等的問題。這需要調整所得稅制，使其具有更高的累進級距，或者也許實施某種形式的無條件基本收入制（資金來源是向最高所得階層徵來的稅收），同時間，還能允許大公司蓬勃發展並持續創新。然而，政治現實往往會成為阻礙，以至於形成治標不治本的次佳政策。隨著政治變得愈來愈兩極對立，各方立場都受到社群媒體的推波助瀾，真正的妥協變得極為罕見。既然所有的政策選項從政治層面上來看都吸引不了人，我認為緩解所得不平等加劇風險的責任，就落在企業身上。

這可以有很多種形式，一個可能的候選方案是「利害關係人資本主義」，這是由世界經濟論壇所提出的術語，其基本概念是公司應考慮所有利害關係人的目標，而不是只照顧股東的目標。總部設在美國的商業圓桌會議（Business Roundtable）就是一個具體的例子，該組織代表著擁有將近一千九百萬名員工的兩百家企業。環境保護、社會責任和公司治理（environmental, social, and governance，簡稱ESG）當責性在所有公司的企業目標和報告中的重要性與日俱增，所反映的是同樣的壓力。此一趨勢引發了一場辯論，一方認為讓企業營運目標繼續維持著只為股東服務，社會將變得更好，另一方則認爲包含ESG在內更廣泛的企業目標至關重要。我相信在「ESG作為公共財由政府來妥適管理，企業只專門為股東利益服務，而想要對社會有更多貢獻的股東可以自己來做」這樣一個平衡的框架下，這場辯論甚至不會存在。ESG愈來愈受企業界的重視，反映的是政治取得適當政策平衡的失敗。很多公司大概以為，他們填補這個空白並滿足大多數人的需求，就可以少受批評，並且排除掉政治領導者採取無知或自我毀滅政策的一些推動力。換句話說，投資ESG是企業風險管理的一種形式。

衡量非政府組織、企業、政府與媒體信任度的「愛德曼全球信任度調查報告」(Edelman Trust Barometer）支持了此一論點。調查報告中顯示所得不平等正在降低我們社會的信任度，而比起知情人士，這種不信任的程度在普羅大眾之間是更高的。加拿大的信任度遠比美國更高，然而加拿大也只是勉強達到中間地帶而已。世界上有足足五六%的受訪者表示，現今存在的資本主義造成的傷害勝過帶來的好處。如此看來，企業正在擁抱更廣泛的ESG目標，也就不足為奇了。

有些評論家對於ＥＳＧ趨勢嗤之以鼻，認為公司跟政府都應各自恪守本分就好。如果政府能克盡職責，而人民也信任政府能做出連貫一致的判斷，當然很好，可是將這些結果交由政治的激烈交鋒來決定，未免失之天真。公司是在以一種理性的方式，對這些如果視而不見可能導致自己毀滅的壓力做出回應。他們的進化是為了股東的最佳利益，更別提也要顧及員工了。簡言之，將公司的資源投入ＥＳＧ目標，到頭來並非利他行為，即便一開始是如此。

這並不是說獲利能力再也不重要了，事實上，它是留在更廣大的企業賽局中的基本籌碼。投資人執行意旨的力道是非常強大的。在ＥＳＧ方面無法符合社會標準的企業，將被排除在投資人管理的投資組合之外，股價將會下跌，資本成本將會上升。但如果一家公司對ＥＳＧ的承諾決定做到遠遠超出社會期待，也會落入同樣的命運。公司需要在獲利能力與ＥＳＧ責任之間求取平衡，由社會透過市場執行機制來引領前進的步伐。

在這個更廣大的框架下，員工是一個非常重要的群體。如前所述，面對即將到來的經濟與金融波動性加劇，員工非常容易受到影響。央行平息經濟波動的能力肯定不如以往。負債累累的政府試圖討好每一個人，卻幾乎無法滿足任何人的需求，因此不太可能建立一個能勝任這項任務的社會安全網。我的看法是，就跟上面談到風險的其他面向一樣，公司會認為這是他們的責任，而一肩擔起大部分重擔。這對企業來說是有明顯好處的，因為處理好這些問題的公司應該能得到投資人的認可。就像畢凱和巴特勒一樣，公開展現自己價值觀的企業領袖，會認為企業接納ESG目標是再自然不過的事。

解決員工的風險，自然會以擴大人力資本投資的方式為之，表現好的公司已經這麼做了。這是與個人最切身相關的無形資本。可是，構造力將為員工帶來什麼樣的經濟與金融波動呢？工作沒有保障、愈來愈負擔不起買房、利率反覆易變，凡此種種都深切關係到員工的福祉，也是公司需要關注的潛在議題。一家幫自己的員工管理失業風險的公司——譬如員工的工作因科技而改變了原本的運作方式時，讓他們繼續留在公司或提供再培訓——將比不這麼做的公司擁有明顯的招募優勢。倘若如第十章所假設的，工會捲土重來，公司將感受到來自兩個方面的壓力，來要求其降低員工面臨的風險；即便員工並未組成工會，公司可能也希望以搶先符合工會認證的方式來行事。同樣的主張也適用於托育服務這個大多數政府幾乎沒有採取什麼彌補措施的基礎設施缺口。對處於職業生涯最重要階段的員工來說，育兒是一個迫切的問題，自然也是公司應該關切與處理的課題。

在一個高齡化的社會裡，有才華又敬業的員工將變得稀少而不足，公司將明白無論如何都要留才，方能符合公司的利益，而股東們大概也同意這一點，認為留住員工能化為更好的公司績效表現。公司採行平衡的價值基礎管理，將能轉化成更高的股價，這是成功致勝的終極決定因素。

有鑑於住房對員工的重要性和相關財務風險的嚴重性，我認為公司為員工的房貸提供備援，或甚至直接提供房貸，並非牽強附會的想像。提供房貸備援，需要公司在員工就業遭到中斷時站出來挺員工，幫他們支付房貸（或相當於保證最低收入）。隨著買房成本愈來愈高，超過更多家庭的負擔能力，公司甚至可能會發現直接建造員工住宅是有好處的，說不定還可以開發員工社區。住房可以成為薪酬的一部分，或建立共有模式，讓員工可以逐漸累積自己住家的權益。畢竟，大公司比個人更有能力吸收利率風險和房價風險。這類住宅計畫將成為一種使員工願意長期留任的金手銬。

確實，勞動力的流動性可能已經達到頂峰。領先公司以更關懷的心態對待僱傭關係，也許能促成終身效力於一家公司的觀念再度捲土重來。公司可能會在一個人的職涯中承擔起培訓和反覆再培訓的責任，適時利用公共計畫的資源，同時吸收員工所面臨的許多其他經濟與金融風險。

最起碼，公司需要在他們投資於各種形式的無形資本方面提供更完整的透明度，如此一來，投資人方能給予適當的認可。ESG績效的量測指標應該被建立、標準化、公布並監測，而在理想的情況下，應該基於量測成果來制定薪酬政策。在早期階段，公司可能可以透過表明有進行慈善捐贈以聲稱自己正在實踐ESG，亦即撥出一定比例的利潤從事公益活動，並以該項支出來尋求社會的認可。但這距離將ESG政策與實踐融入組織的DNA，並提供與這些實踐相關的績效指標及薪酬獎勵，還有很長的路要走。

報告碳足跡是透明化的一個完美示例，而合乎邏輯的下一步就是擬定減少碳足跡的具體計畫。這種透明度需要有實質的提升，以避免投資人只能將公司歸類為「綠色」或「非綠色」環保的情況。生活裡充斥著深淺不一的綠色，投資人若要分辨所有這些色調，需要付出太多的心力，因此完整且標準化的碳足跡報告和氣候變遷風險的揭露將有其必要，而七大工業國也正在推動此一議程。把這件事情做好看似困難，但和職場多樣性、將環境標準融入決策中、勞工權和人權等治理問題比起來，它算是簡單的，尤其如果這家公司是在國外經營。公司不能只是單純地陳述其原則；它需要依照這些標準來衡量自身的表現，以便與其他公司進行比較。

最終，一家上市公司所面臨的每一個風險都相當於一種信譽風險，因為在快速運作的市場裡，犯錯是很顯眼的事。投資人通常信任執行長會如同保護自己聲譽般地捍衛公司聲譽。建立一個嚴格的風險管理架構，意味著將那樣的責任一路延伸到前線的員工身上。根據這種推論，可能會有新的治理架構出現，譬如利害關係人諮詢委員會、工會的更多參與、保留董事會席次給特定利益族群、廣泛採用價值領導，顯然都是未來可走的方向。

這本書中所提出的每一個新的波動因素或風險，某種程度上都會出現在公司董事會裡。人類正是藉由企業的建構，圍繞著經濟和金融市場自我組織起來。公司透過團隊合作來創造經濟成長，並維繫對人們有意義的職業。由此可推知，這裡的每一個要素對投資人來說都很重要。

管理我所預測的經濟與金融波動性升高，似乎理所當然該是政府的職權範圍。透過理想化的設計，政府可以有很多作為來保障經濟免受風險的影響，不過假設完美的風險管理可以從政治這種特異過程中出現，則是不切實際的想法。未來升高的風險需要找到一個有人可以承擔的地方，而我的看法是企業將需要負起此一重責大任，並且明白這麼做符合他們的最大利益。做得好的企業將為他們的股東帶來回報。好比企業現在用高檔咖啡機、內部健身房和休閒室來相互競爭人才，風險不斷升高和技術人力短缺兩相結合下，將使得公司對風險管理加大投資，而這不只是為了自己，也是為了他們的員工。

這對獲利豐厚的大型跨國企業來說，也許聽起來可行，但是對規模較小的公司來說，就很費力了，而在大多數經濟體裡，這類小型企業卻是大部分勞工的雇主。不過透過大型保險公司或其他民間部門實體建立風險管理保護傘，讓小型企業得以在保護傘下經營，就可以避免掉許多阻力，這就跟今天的小企業透過一家保險公司來提供健保福利是類似的。簡言之，情勢使然，企業需要在ESG的社會責任部分做更多努力。投資人將是這項成果的最終審判者。

結語

憶當年：開啟新時代

二〇〇四年七月十八日，星期天，我一早便出門和我的朋友格倫（Glen）去打高爾夫球。那是美好的一天，不過你可以看得出來天氣很熱。早上十一點半左右，我們來到第十二洞，這一洞全程都是上坡，在大約一百五十到兩百碼處有一塊高原。我的開球落點在高原上的右側；我朋友的球飛得更遠，落在高原的左側。

這段上坡路爬得很辛苦。當我氣喘吁吁地走到球的位置時，我開始感到頭暈目眩。我在地上坐了一會兒，直到世界停止旋轉。然後我又站了起來，伸手去拿我的五號鐵桿時，格倫大聲問我還好嗎。我記得我說不好，那是我記得的最後一件事了。

格倫具備急救資格，等到他到我身邊時，我已經臉色發白，他測不到我的心跳或呼吸。他向在發球台等候的人群大聲呼救，然後開始做心肺復甦術。不到一分鐘，我就跳了起來，又要伸手去拿我的五號鐵桿，但當天的高爾夫球已經結束了。球場經理開高爾夫球車來接我，我們在開著空調的運動用品專賣店等救護車到來。在櫃台工作的女士說我很幸運，因為她的丈夫幾年前也是在這個十二號洞因為心臟病發作而去世。不知怎麼地，我並不因此特別感到安心。

我在二十年前被診斷出來患有主動脈瓣二葉畸形（bicuspid aortic valve），而且每年都會做檢查。二葉形瓣膜有兩個每次心跳時都會開闔的瓣膜，不像正常情況下有三個瓣膜。這是在子宮時就發育出來的先天性缺陷；如第二章提到的，一九五〇年代那時的人對懷孕抽菸的態度是不同的。瓣膜的功能會隨著時間而變弱，最後可能帶來重大風險。我已經知道這個風險二十年了，不過總是認為風險很低，不足為慮。然而有一股微小的力量正在隨著時間使風險漸漸升高，並且在那一天與其他因素（山坡太陡，那天又特別炎熱）碰撞時顯現出來，引發一個改變人生的事件。

大約八週後，我接受了不鏽鋼製人造主動脈置換手術，又過了八週，我便重回首席經濟學家的巡迴演講台上。人們問我是否瞥見來世，或有沒有看到那道傳說中的光，我想恐怕沒有。我對於昏倒後的事完全沒有記憶，只記得有一種睡得非常熟之後醒來的感覺，渾身精力充沛。

不過那起事件確實改變了我，就像一隻黑天鵝重塑了隨後的整個歷史，改變我對風險的看法。我變得沒有那麼完美主義，也更關注於人。我深切地知道，如果不是我的朋友迅速採取行動，和一組出色的醫生團隊幫我，我可能會錯過很多事情——從孩子的成長和伴侶的陪伴，到含飴弄孫的喜悅、加拿大紙鈔上有我的簽名，以及和總理並肩坐在哈靈頓湖（Harrington

Lake）的碼頭上。自此之後，每一天都像是一份禮物，因此我很難不對未來感到樂觀。諷刺的是，走了一次大霉運，反倒幫助我以更積極的方式看待未來。

那天，我進入了一個新時代，這一點不言而喻。我成為總裁不久後，媒體稱呼我為「陽光史蒂夫」（Sunny Steve）。毫無疑問，我是懷抱著對大自然的強烈信念來看待經濟學，因為大自然總是具有重建的力量，隨著時間過去，它往往能令經濟回到正軌。在一個經濟學家容易強調負面結果的世界裡，我是個嘮叨的逆風者。

我相信全球經濟也進入一個新世紀，由 COVID-19 大流行的悲劇在新與舊之間畫下句點。我稱之為下一個不確定的年代。

疫情爆發時，我們感受到的恐懼令其他煩惱漸漸變得不那麼重要，但它們並沒有消失。早在 COVID-19 出現之前，大家都可以看到經濟不穩定性已經逐漸上升。這是因為在全球經濟的表面下運作的構造力有著愈來愈大的影響力，未來幾年，這些構造力將交互作用、彼此增強。這裡所識別出來的五個構造力——人口老化、技術進步、不平等加劇、債台高築、氣候變遷——將在未來引發經濟與金融大地震。唯一確定的事情是不確定性會更高。

人們天生就討厭不確定性，所以這則對未來的預測在很多人聽來非常消極。然而對於未來，我們還是很有樂觀的本錢。我們正在見證驚人的技術進步，這些技術將延長壽命、改善生活水準，並且緩解氣候變遷。就像我們這一代人和之前幾代人所享受到的一樣，生活會變得更好。

悲觀主義者對此則無法苟同，因為歷史已經反覆證明，人類的進步果實從來不曾平等共享。這是事實，好處會先流向發明者、他們的公司和他們的投資人。只有在第二輪，那些增加的收入被用於所有日常開支上，才能水漲船高，撐起普遍的繁榮。歷史證明，這個情況最後總是會發生。它也證明第二次工業革命時發生的比第一次快，而到了第三次工業革命甚至更快。只要在政治局勢容許下，好的政策制定者應該讓第四次工業革命進展得更好。無疑地，我們還有很大的希望。

即便如此，五個構造力的力道正在不斷增強，並且將在未來的時代以難以預料的方式交互作用。生活中的風險變得更大，因為經濟與金融波動性將更高，為日常決策平添一層新的不確定性。這表示儘管生活將持續變得更好，但這只會是平均之後的改善，因為經濟與金融的波動將更頻繁地來襲，而且規模更大。如果你剛好是那個倒霉鬼，在所謂的平均中，是被用來攤平掉幸運兒的經驗，那麼知道平均而言個人的生活水準有所改善，並沒有什麼安慰效果。

在不可抗拒的長期自然力量共同作用下，這種經濟風險的增加是無法就這麼抹去，或希望它們會消失。認識五大構造力，能幫助我們對過去某些重要的混沌事件提出更連貫一致的解釋，包括十九世紀末的維多利亞蕭條、一九三〇年代的經濟大蕭條、一九七〇年代的停滯性通脹、一九九七年的亞洲金融危機和二〇〇八年的全球金融危機。每一起事件都被歸咎於各式各樣的驅動因素，其中許多都是相對膚淺的表面原因。本書基於一組共同的構造力提出更深入的解釋，指出壓力可以累積很長一段時間，然後才會因一件小事而催化出一連串經濟與金融波動。把危機歸咎於催化劑而非潛在的自然力量，是很正常的事。

這種對歷史的新解讀，也表示靠著修正造成過往危機的一、兩個因素，恐怕無法避免未來危機發生。其他構造力仍將在表面之下發揮作用，而它們的聚合仍有著引發混亂的潛能。不過歷史證明，政策制定者至少可以從每一次重大經濟事件中學到教訓，並精進自己的專業。修補造成過去危機的因素，不太可防止未來危機的發生，但危機管理是有望持續改善的。若以譬喻來完整說明，則是我們可以建造更能抗震的建築物，並且制定應變計畫，但我們無法阻止地震發生。

不斷升高的風險浪潮將對人們產生重大影響，顛覆他們的財務決策。中央銀行和政府管理經濟波動的能力，都將面臨更嚴峻的限制。對中央銀行而言，低利率的持續存在將限縮其操作空間；而政府這方面，與人口老化相關的財政負擔不斷加重，加上對抗全球疫情期間所累積的龐大負債，意味著穩定政策的實施範圍變得更緊縮。而他們經常面臨的經濟波動卻將比過去更頻繁也更劇烈。

在這樣的背景下，大家都需要多思考通貨膨脹的未來。我們有充分的理由期望主要央行繼續致力於控制通膨，不過這個打算受到政治介入的風險變得更大了。政府的債務存量使他們有強烈的動機，施壓央行令通貨膨脹走高。財政和制度能力比較差的國家尤其如此。但即使是大型經濟體，負債水準高的家庭可能也寧願更高的通貨膨脹率，因而會投票支持那些聲稱他們傾向於讓通膨升高的政治人物。

勞動市場對波動性即將升高的感受最為強烈。一波波的失業期將變得更頻繁，規模也更大，不過中間會穿插著勞動力供給不足的時期。自然失業率將會更高。預計會出現的高工作轉換率、科技顛覆、不平等加劇和勞工背負的其他風險，可能會激起工會東山再起。工作型態持續演變的同時，工作生涯將變得更長。

構造力顯示可能會出現微弱的經濟成長及持久的低實質利率。如果住宅供給和移民政策沒有發生重大變化，這種組合將有利於家庭負債的不斷增加和房價的持續上揚走勢。政府與其想方設法去控制或扭曲房價，不如促進抵押貸款金融領域的創新。今日許多關於房貸債務的規範都是經濟大蕭條下的產物。如今，人們的壽命更長，職涯也更久，他們沒有理由不能累積自己住屋的產權，但不必在退休前或過世前就必須取得完整所有權。提供買房融資應該像租一輛汽車那麼簡單，只是房屋通常會升值，而汽車只會貶值。只要有適當的激勵措施，便可以將很多風險分攤或共有模式應用在房貸融資上。利率上上下下的頻率將變得更高，令定期展延房貸的過程蒙受更高的風險，因此金融機構提供的房貸形式可能會進化到超越今天的標準。無論是漲是跌，房價的變化也會更大，徒增了那些可能為了工作而需要搬家的人的風險。

保護社會免受不斷升高的經濟風險所擾，似乎是政府理當該負起的職責，因為降低風險和不確定性是為了追求更大的公共利益。構造力引發社會層面的經濟波動，然而私人保險市場對此缺乏因應能力。拿一個類似情況的例子來看，保險公司承保水災險或地震險，往往會經由再保險的方式把那樣的風險帶到全球共保組織去，可是無論是哪一種自然事件，發生天災時總是由政府來提供援助。

即便如此，有些政府比其他政府更擅長管理經濟與金融風險。毫無疑問，隨著時間過去，政府會變得愈來愈嫻熟此道，這可以從他們因應第三次工業革命、全球金融危機和最近的 COVID-19 疫情得到證明。然而，因應經濟波動的挑戰將不斷增加，而地方政治和全球地緣政治的情勢也將使得政策制定變得困難重重。日益兩極對立的民主制度，在社交媒體以最大的強度操作下，將對未來幾年可能有需求性的那種巨大妥協（grand bargain）或「新政」（new deals）十分不利。即便有明智的政策浮上檯面，我們也不能假設政府有能力保障整個社會不受日益增加的經濟風險影響。有跡象顯示，疫情期間實施的某些財政工具將成為永久性的措施，這很令人期待。一個更強大、更自動化的社會安全網有助於因應橫亙眼前的不確定性，但它無法為經濟隔絕所有的新風險。此外，財政能力也不是取之不盡、用之不竭。日益升高的風險浪潮將帶給政策制定者難以承受的需索壓力，使經濟變得比以往更波動不定。

值得慶幸的是，公民已經找到其他途徑來改變他們的未來。他們看到這個世界的問題，並要企業出面解決這些問題。他們有儲蓄可以投資，不過要求他們投資的公司也要為解決問題做出貢獻。企業也益發意識到，投入資源處理這些問題符合他們的最佳利益，尤其是氣候變遷。也有跡象顯示，即便沒有政府出手干預，公司也願意面對所得不平等的壓力。我相信，這種思維在未來幾年將擴大到把員工面對的廣泛風險也涵蓋進來。

過去習稱的企業社會責任（corporate social responsibility，簡稱ＣＳＲ），如今叫做環境保護、社會責任和公司治理（ＥＳＧ）當責性。既然善加實踐ＥＳＧ的公司有可能得到具有ＥＳＧ意識的投資人的獎勵，並看到公司股價上揚，那麼這種實務與「股東價值最大化」這句俗話之間就沒有矛盾可言。私底下，公司必須在純粹獲利能力和ＥＳＧ增強式獲利能力之間找到適當的取捨，以符合社會和投資人觀感的趨勢。公眾的價值觀將成為公司及其領導階層的價值觀，而利潤自然也就能極大化。

儘管有些公司可能認為不斷擴展的ＥＳＧ趨勢是一種應盡義務，但有其他公司認為這是一個契機，能開創出壓制其他公司的新競爭優勢。在一個勞工變得更加稀少的世界裡，公司將益發認識到員工是一項資產，值得保護其免受風險升高的影響。對招募、留才、終身培訓與風險管理的額外投資，能隨著時間轉化為公司績效的增進，這些應被投資人視為有利因素，並反映在市場估值中。公司將幫助員工因應經濟波動，並意識到幫助他們管理最大的財務風險——

住宅——的好處。提供幫助的形式可以有很多種，包括與雇主共同分攤房貸風險、由雇主提供房貸，甚至由雇主提供住宅。在我看來，那些訴諸純粹主義論點的人，認為公司應該堅守本分，讓政府去照顧人民，是在畫下錯誤的二分法，將被潮流拋在後頭。

本書的主旨從來都是去鑑別我們環境裡的動態力量，並思考它們在未來將如何演化。這不完全是在做預測，而是試圖窺看更廣大的未來面貌，讓我們能對未來的預期感到更安心。未來有可能比過去更反覆無常，也因此變得更不確定，這個結論會讓很多人感到沮喪。我們不應驚訝於未來的出奇不意。

對公司來說，這意味著應投入有意義的資源於風險管理。塔雷伯在《黑天鵝效應》一書中也得出類似結論。他的建議是公司應審慎保護核心業務免受風險的影響，但也要保留一些資本，用來抵禦壞運也攫住好運，這提醒我們，雖然我們習慣性地認為風險只適用於不利面，但其實波動性與風險是有兩面性的。這個意思是說，要將大部分公司資本投資於基礎的營運計畫，投入實質資源來管理或防範壞運氣，並保留一些資本作為儲備，以便好運降臨時能快速轉向，做出調整。所謂好運氣，包括出現一種新的通用技術，需要紮實地投入金錢才能將技術整合進來等諸如此類的事情。塔雷伯稱這種資本配置為「槓鈴策略」(barbell strategy)。如果好運未能降臨，省下來的資本可能會讓公司方面感到可惜，因為它原本可以循著基礎營運計畫投資於更多有機的成長。不過此一要點的本質是不管壞運或好運，為了黑天鵝做好準備是永遠不會感到可惜的。

一個有助於理解此的類似例子是車險問題。也許每年在續保的時候，駕駛人都會為過去一年付了這筆保費感到可惜，因為他們並沒有發生什麼意外。在一個不確定性的規模比過去高出一個等級的時代裡，經營一家公司卻沒有針對不良結果的保險措施，或缺乏善加利用正面結果的能力，是一個風險極高的布局。改述唐納・薩爾（Donald Sull）說過的話，成功企業需要聘任的將不僅是一位風險長，還需要一位機會長（chief opportunity officer）。

為了管理風險，我們許多人會轉向專家尋求建議，因此值得一問這種分析對經濟學家來說意味著什麼。我相信五大構造力正在撼動我們的經濟基礎，這將對經濟的實踐造成嚴重破壞。今日的模型到了新時代可能沒有什麼價值，像是一九七〇年代初期出現類似的力量聚合時，這種事便曾發生在經濟學家身上：勞動力因嬰兒潮世代加入而在膨脹當中，所得不平等正在惡化，飆升的油價正在擾亂科技領域，全球通貨膨脹正在高漲當中，而戰後全球貨幣體系已經崩潰；當時的經濟學家們絞盡腦汁試圖理解一九七〇年代的新現實。加爾布雷斯在他於一九七七年出版的《不確定的年代》一書中解釋了原因，而《更動盪的未來經濟》解釋了為什麼經濟學家五十年後又面臨了類似的處境。

正如印尼峇里島的居民已經適應了揮之不去的大地震風險，我們也將適應一個風險更高的世界。我們的經濟體正在即時演化當中，以因應五大構造力帶來日益增高的風險。這是大自然在發揮作用。除此之外，綠色環保投資的明顯力量、ESG當責性的興起、商業圓桌會議和其他形式的利害關係人資本主義，在在證明了人類有能力適應下一個不確定的年代並繁榮發展。有歷史為證，人類有理由對未來保持樂觀，因為只要努力勤勉、足智多謀，沒有什麼挑戰是不能克服的。

致謝

我何其幸運，在領導兩家傑出組織的這些年來，結識許多優秀的人並與他們共事。試圖感謝每一位對我走到今天發揮一定作用的人，最大的風險是我難免會忘記許多重要的貢獻者。最好的做法還是訴諸本書的核心前提：我們都是許多隨機的事件、遭遇和決定累積下的象徵結果，改變任何其一，都會將我們帶到一個與現在完全不同的境遇。所以感謝大家——希望我經常地回饋他人，已經足以報答這份恩情！

本書的構想最早成形於二〇一九年我在雲杉草地「改變命運圓桌論壇」發表的一場演說。兩位在加拿大央行工作的頂尖研究員湯瑪斯・卡特（Thomas Carter）和雅各・多利納爾（Jacob Dolinar）協助我為那場演講進行背景研究，另有許多其他同事對我的成果給予指教。韋金思和吉兒・瓦迪（Jill Vardy）的建議尤其令人感謝。有鑑於雲杉草地論壇吸引來的都是高品質的與會者，我離開論壇時，深信我可以將一場小小的演講變成這一本書。謝謝南西・薩瑟恩（Nancy Southern）和整個薩瑟恩家族年復一年地邀請我在他們的世界級論壇裡測試我的想法，也感謝他們的慷慨款待。

寫書是一門孤獨又自私的事業，需要從家人、朋友和其他嗜好中偷來漫漫長日戮力以赴，擔心這份努力可能付諸東流而不願討論它的陰影又如影隨形。與我相伴超過五十年的薇樂莉以其特有的寬容與我一同走過這段經歷，沒有她充滿愛的支持、智慧的建言和無盡的耐心，這一切都不會發生。

當目標已明，再無懸念，一本書開始成形並送到讀者的手中，是需要一些好運和大量專業協助的。來自《彭博商業新聞台》（BNN Bloomberg）的阿曼達・朗（Amanda Lang）才華洋溢、活力十足，我與她愉快地合作已有二十年時間了，她讀了本書的初稿並熱切地給我回應。她把她的「作家經紀人」（literary agent）里克・博德赫德（Rick Broadhead）介紹給我，里克也很慷慨地接下我的案子，孜孜不倦地協助我瞭解出版業，並確保我的書能交到可靠的人手中出版。這些人有加拿大企鵝出版社（Penguin Canada）的尼克・蓋瑞森（Nick Garrison），他接納我的構想，幫助我拓展這些想法的發展空間，如此一來，我才能做出更清楚的闡釋。皇后大學史密斯商學院（Smith School of Business）的大衛・戴托馬西（David Detomasi）也閱讀了初稿並提供寶貴的評論。感謝文字編輯克莉希・卡爾霍恩（Crissy Calhoun）和編輯團隊，他們為最終成品做出非常重要的貢獻，尤其是阿蘭娜・麥穆蘭（Alanna McMullen）。還有企鵝出版社創意團隊的每一位，他們努力地將我的思想精髓展現在書封上，應該頒獎給他們。

這些年來，我已經習慣了身邊都是聰明又敬業的人，他們向我提出挑戰，完成大部分的辛苦工作，並且讓我麻煩不沾身。相較之下，這個退休後的疫情期間專案，需要我重新回到自力更生的狀態，所以我對所有的錯誤也負起全部的責任。

參考書目

Bernanke, B. 2012. *The Federal Reserve and the Financial Crisis.* Princeton, NJ. Princeton University Press。繁體中文版《柏南克的四堂課：聯準會與金融危機》由財信出版於二〇一三年發行。

Carney, M. 2021. *Value(s).* Toronto. Signal。繁體中文版《價值的選擇：以人性面對全球危機，G7央行總裁寫給二十一世紀公民的價值行動準則》由八旗文化於二〇二二年發行。

Chellaney, B. 2013. *Water, Peace and War.* Lanham, MD. Rowman & Littlefield.

Diamond, J. 1997. *Guns, Germs, and Steel.* New York. W.W. Norton and Company。繁體中文版《槍炮、病菌與鋼鐵：人類社會的命運》由時報出版於一九九八年發行。

Edelman. 2020. *Edelman Trust Barometer 2020 Global Report.*

Freeland, C. 2012. *Plutocrats.* Toronto. Doubleday Canada。繁體中文版《財閥：有錢人如何利用國家賺錢並阻止其他人翻身》由如果出版社於二〇一三年發行。

Friedman, T. L. 2005. *The World Is Flat.* New York. Farrar, Straus and Giroux。繁體中文版《世界是平的：把握這個趨勢，在二十一世紀才有競爭力》由雅言文化於二〇〇五年發行。

Galbraith, J. K. 1977. *The Age of Uncertainty.* Boston. Houghton Mifflin Company。繁體中文版《不確

定的年代》由時報出版於一九九四年發行。

Goodhart, C., and M. Pradhan. 2020. *The Great Demographic Reversal*. Cham, Switzerland. Springer Nature Switzerland AG.

Greenspan, A. 2007. *The Age of Turbulence*. New York. Penguin Books。繁體中文版《我們的新世界》由大塊文化於二〇〇七年發行。

Harberger, A. C. 1998. "A Vision of the Growth Process." *American Economic Review* 88 (1): 1-32.

Harper, S. J. 2018. *Right Here, Right Now*. Toronto. McClelland & Stewart.

Haskel, J., and S. Westlake. 2018. *Capitalism without Capital*. Princeton, NJ. Princeton University Press。繁體中文版《沒有資本的資本主義：無形經濟的崛起》由天下文化於二〇一九年發行。

Keynes, J. M. 1936. *The General Theory of Employment, Interest and Money*. London. Macmillan Press。繁體中文版《就業、利息和貨幣的一般理論》由五南文化於二〇二三年發行。

Koonin, S. *Unsettled*. 2021. Dallas. BenBella Books。繁體中文版《暖化尚無定論：氣候科學告訴或沒告訴我們的事，為什麼這很重要？》由獨立作家於二〇二二年發行。

Mian, A., and A. Sufi. 2014. *House of Debt*. Chicago. University of Chicago Press.

Piketty, T. 2014. *Capital in the Twenty-First Century*. Cambridge, MA. Belknap Press。繁體中文版《二十一世紀資本論》由衛城出版於二〇一四年發行。

Roberts, W., 1985. *The Leadership Secrets of Attila the Hun*. New York. Warner Books。繁體中文版《匈奴

王阿提拉汗的領導秘方》由上硯出版社於二〇〇〇年發行。

Roberts, W., and B. Ross. 1995. *Make It So*. New York. Pocket Books.

Roser, M. 2017. "Tourism." OurWorldInData.org.

Ruben, J. 2020. *The Expendables*. Toronto. Random House Canada。繁體中文版《我們成了消耗品：全球化海嘯中被吞噬的中產階級》由時報出版於二〇二一年發行。

Schumpeter, J. 1942. *Capitalism, Socialism and Democracy*. New York. Harper and Brothers。繁體中文版《資本主義、社會主義與民主》由左岸文化於二〇〇三年發行。

Schwab, K. 2016. *The Fourth Industrial Revolution*. New York. Crown Business。繁體中文版《第四次工業革命》由天下文化於二〇一七年發行。

Schwab, K., and Malleret, T. 2020. *COVID-19: The Great Reset*. Geneva. Forum Publishing.

Sull, Donald. 2009. *The Upside of Turbulence*. Toronto. HarperCollins。繁體中文版《哪些企業不會倒？：在變局中維持不敗、再創優勢的關鍵》由天下雜誌於二〇〇九年發行。

Taleb, Nassim Nicholas. 2007. *The Black Swan*. London. Penguin Group。繁體中文版《黑天鵝效應》擴充新版由大塊文化於二〇一一年發行。

Volcker, P., and C. Harper. 2018. *Keeping at It*. New York. Hachette Book Group。繁體中文版《主席先生：聯準會前主席保羅・伏克爾回憶錄》由早安財經於二〇二一年發行。

World Economic Forum. 2020. *The Future of Jobs Report 2020*.

莫若以明書房 BA8042

更動盪的未來經濟
加拿大央行前總裁，揭示不可忽視的全球風險與潛在機會

原文書名／The Next Age of Uncertainty: How the World Can Adapt to a Riskier Future
作者／史蒂芬・波洛茲（Stephen Poloz）
譯者／曹嬿恆
編輯協力／李 晶
責任編輯／鄭凱達
版權／顏慧儀
行銷業務／周佑潔、林秀津、賴正祐、吳藝佳

總編輯／陳美靜
總經理／彭之琬
事業群總經理／黃淑貞
發行人／何飛鵬
法律顧問／台英國際商務法律事務所 羅明通律師
出版／商周出版
臺北市 104 民生東路二段 141 號 9 樓
電話：(02) 2500-7008 傳真：(02) 2500-7759
E-mail: bwp.service @ cite.com.tw
發行／英屬蓋曼群島商家庭傳媒股份有限公司 城邦分公司
臺北市 104 民生東路二段 141 號 2 樓
讀者服務專線：0800-020-299 24 小時傳真服務：(02) 2517-0999
讀者服務信箱 E-mail: cs@cite.com.tw
劃撥帳號：19833503 戶名：英屬蓋曼群島商家庭傳媒股份有限公司城邦分公司
訂購服務／書虫股份有限公司客服專線：(02) 2500-7718；2500-7719
服務時間：週一至週五上午 09:30-12:00；下午 13:30-17:00
24 小時傳真專線：(02) 2500-1990；2500-1991
劃撥帳號：19863813 戶名：書虫股份有限公司
E-mail: service@readingclub.com.tw
香港發行所／城邦（香港）出版集團有限公司
香港灣仔駱克道 193 號東超商業中心 1 樓
E-mail: hkcite@biznetvigator.com
電話：(852) 25086231 傳真：(852) 25789337
馬新發行所／城邦（馬新）出版集團 Cite (M) Sdn. Bhd.
41, Jalan Radin Anum, Bandar Baru Sri Petaling, 57000 Kuala Lumpur, Malaysia.
電話：(603) 9056-3833 傳真：(603) 9057-6622 E-mail: services@cite.my

封面設計／萬勝安 內文設計排版／薛美惠
印刷／鴻霖印刷傳媒股份有限公司
經銷商／聯合發行股份有限公司 電話：(02) 2917-8022 傳真：(02) 2911-0053
地址：新北市新店區寶橋路 235 巷 6 弄 6 號 2 樓

■ 2023 年 9 月 5 日初版 1 刷 Printed in Taiwan

國家圖書館出版品預行編目 (CIP) 資料

更動盪的未來經濟：加拿大央行前總裁，揭示不可忽視的全球風險與潛在機會 / 史蒂芬 . 波洛茲 (Stephen Poloz) 著；曹嬿恆譯 . -- 初版 . -- 臺北市：商周出版：英屬蓋曼群島商家庭傳媒股份有限公司發行，2023.09
面； 公分 . -- (莫若以明書房；BA8042)
譯自：The next age of uncertainty : how the world can adapt to a riskier future
ISBN 978-626-318-783-2（平裝）
1.CST: 國際經濟 2.CST: 經濟情勢 3.CST: 環境經濟學
552.1 112011151

線上版讀者回函卡

定價 460 元（紙本）／ 320 元（EPUB） 版權所有，翻印必究
ISBN: 978-626-318-783-2（紙本）／ 978-626-318-785-6（EPUB）

城邦讀書花園
www.cite.com.tw